DE LERINGEN VAN BOEDDHA

DE LERINGEN VAN BOEDDHA

Samengesteld door Jack Kornfield

Met medewerking van Gil Fronsdal

Vertaald door Aleid Swierenga en
Mark Desorgher

ALTAMIRA
HEEMSTEDE

COLOFON

Verschenen bij Shambhala Publ. Inc. Boston, USA
onder de titel 'The Teachings of Boeddha'
Vertaling uit het Engels door Aleid Swierenga en
Mark Desorgher
Omslagontwerp: Ivar Hamelink
Gezet in Goudy old style door Z-work, Gouda
Gedrukt door Drukkerij Wormgoor
© 1993 Jack Kornfield
© 1994 Nederlandse vertaling, Altamira,
Heemstede
© 1994 Omslagillustratie, Jos van Wunnik
De dankbetuiging op pag. 201-204 valt eveneens
onder dit copyright beginsel.

ISBN 90-6963-282-9
NUGI 613

INHOUD

Voorwoord van de samensteller

Naar verluidt, kwam de Boeddha vlak na zijn verlichting onderweg een man tegen die zo getroffen was door zijn buitengewone uitstraling en sereniteit dat hij bleef staan en vroeg: 'Mijn vriend, bent u een hemels wezen of een god?'

'Nee,' zei de Boeddha.

'Bent u dan soms een magiër of een tovenaar?'

En weer antwoordde de Boeddha: 'Nee.'

'Bent u een mens?'

'Nee.'

'Wat bent u dan, mijn vriend?'

En de Boeddha antwoordde: 'Ik ben ontwaakt.'

Het woord boeddha betekent letterlijk 'hij die is ontwaakt'. Het boeddhisme heeft ons de ervaring van het ontwaken tot de waarheid van het leven geschon-

ken. Vijfentwintighonderd jaar lang hebben de oefeningen en leringen van het
boeddhisme ons een systematische
manier geboden om tot helder inzicht en
een wijs leven te komen. Ze wijzen ons
de weg om, terwijl we midden in de
wereld staan, ons lichaam en onze geest
te bevrijden.

De geschiedenis verhaalt dat de
Boeddha als prins werd geboren in een
oud koninkrijk in het noorden van India.
Hoewel hij als jongen in opdracht van
zijn vader een uiterst beschermd leven
leidde in prachtige paleizen, kwam hij -
zoals ons dat allemaal overkomt - toen
hij ouder werd onvermijdelijk in aanraking met de ellende van het leven. Hij
besefte dat alles wat ons lief is teloorgaat
en dat wij niet ontkomen aan ouderdom,
ziekte en dood. En dus gaf hij zijn
koninklijke titel op, verliet het paleis en
ging op zoek naar de waarheid die een
eind kon maken aan de menselijke ellende, naar de vrijheid in het aanzicht van
de onophoudelijke kringloop van geboor-

te en dood.

De Boeddha leidde enige jaren het uiterst harde leven van een yogi in de wouden van India. Gaandeweg besefte hij dat dit strenge ascetisme hem niet meer vrijheid bracht dan zijn vroegere luxe- leventje van wereldse genoegens. Integendeel, hij zag dat de vrijheid van de mens is gelegen in het beoefenen van een leven van innerlijk en uiterlijk evenwicht. Hij noemde dit de Middenweg.

Toen hij dat begreep, ging de Boeddha onder een grote banyan-boom zitten en zwoer dat hij de krachten die de mensheid doen lijden zou overwinnen en bevrijding zou vinden. Hij werd zelf door deze krachten - angst, gehechtheid, hebzucht, haat, begoocheling, verleiding en twijfel - bestookt. Hij liet ze echter met een open hart en een heldere geest over zich heen komen tot hij de diepten van het menselijk bewustzijn peilde, tot hij de plek bereikte waar temidden van al deze onrust vrede heerste. Zo kwam hij tot verlichting en ontdekte hij nirwana,

dat het hart bevrijdt uit de verwarring
van de wereldse omstandigheden waarin
wij gevangen zitten. Het besef van de
waarheid waarmee hij die nacht in aanraking kwam ging zo diep dat zijn leer mensen over de hele wereld tot op de dag van
vandaag inspireert en verlicht. In de loop
der eeuwen hebben zo'n anderhalf bil-
joen mensen - een kwart van de totale
wereldbevolking - de weg van de Boeddha
gevolgd.

Zijn verlichting wekte in de Boeddha
twee grote krachten: transcendente wijsheid en universeel mededogen. Hij zette
het wiel van de Dharma in beweging en
ging allereerst naar het Hertenpark in
Benares, waar hij de yogi's instrueerde die
met hem in het woud hadden verkeerd.
Daarna bracht hij vijfenveertig jaar lang
zijn leer, die bestond uit wijsheid en
mededogen, aan wie haar maar wilde
horen. Deze leer - door de Boeddha de
Dharma of de Weg genoemd - nodigt je
uit het pad van verlichting te betreden.
Het is een uitnodiging tot het vinden

van je eigen boeddha-aard, de vrijheid en
het grote hart van mededogen die ieder
mens ter beschikking staan.

Om leerlingen van velerlei aard te
laten ontwaken gaf de Boeddha een grote
hoeveelheid spirituele oefeningen: fundamentele oefeningen voor het ontwikkelen van liefdevolle vriendelijkheid, vrijgevigheid en morele integriteit - de universele grondslagen van een spiritueel
leven; een grote hoeveelheid meditatie-
oefeningen, waarmee je de geest kunt
oefenen en het hart openen. Deze oefeningen houden ondermeer in dat je je
bewust bent van je ademhaling en je
geest, dat je let op je gevoelens en
gedachten, dat je toegewijd mantra's
opzegt, visualiseert en bespiegelt en oefeningen doet die leiden tot uiterst verfijn-
de, diepe bewustzijnsstaten.

Om zijn leer te kunnen uitdragen
stichtte de Boeddha zijn sangha, thans
een van de oudste kloosterorden ter
wereld. Zijn monniken en nonnen - van
wie er op deze aardbol nog steeds hon-

derdduizenden rondlopen - volgen de
Boeddha in een leven van verzaking. De
leer die hij ons naliet beperkt zich echter
niet uitsluitend tot een leven van verzaking. Ze kan worden gewekt in het hart
van mensen in alle levensomstandighe-
den, elk beroep. Met dit boekje bieden
we je de essentie van deze leer aan.

De eerste teksten zijn voordat ze werden opgeschreven, gereciteerd en zeshon-
derd jaar lang mondeling doorgegeven,
waarna ze op palmbladeren werden
gegrift in oude talen als het Pali en het
Sanskriet of bewaard in het Chinees en
het Tibetaans. De passages in het latere
deel van dit boek stammen van grote
Indiase, Chinese, Japanse en Tibetaanse
bodhisattva's, ontwaakte wezens, die het
pad van de Boeddha volgden en in zijn
geest onderrichtten. Die selectie mag dan
niet van de historische Boeddha afkom-
stig zijn, ze is hier opgenomen vanwege
haar schoonheid en de authenticiteit
waarmee ze de Boeddha Dharma tot uitdrukking brengt. Volgens het boeddhis-

me beperkt de ware Boeddha zich niet tot
het lichaam of de geest van de historische persoon die zo'n tweeëneenhalfdui-
zend jaar geleden leefde. Dit blijkt duidelijk uit het verhaal van de jonge monnik
die wekenlang in vervoering aan de voe-
ten van de Boeddha zat en diens woorden
opzoog, tot de Boeddha hem ten slotte
als volgt berispte: 'Je ziet me niet eens.
Wil je de Boeddha zien, dan moet je de
Dharma, de waarheid, zien. Wie de
Dharma ziet, ziet mij.'

Bedenk, als je de leringen in dit boekje
leest, dat het geen filosofie, poëzie of stu-
die in spiritualiteit betreft. Het zijn woorden van waarheid, waardoor je tot ontwaken kunt komen. Ze zijn zo krachtig dat
ze toen ze voor het eerst werden uitge-
sproken alle aanwezigen deden ontwaken.
Hun ogen en oren gingen open en ze
kwamen tot de ware, innerlijke vrijheid.

Lees deze woorden langzaam en koester ze in je hart. Laat ze tot je doordringen en in je weerklinken, zodat ook jij
ontwaakt.

Moge de waarheid van deze verzen in alle wezens transcendente wijsheid wekken en een ruim hart van mededogen en mogen ze een ieder die ermee in aanraking komt tot zegen strekken.

Jack Kornfield
Spirit Rock Center
Woodacre, Californië
1993

Wakker zijn leidt tot leven.
De dwaas slaapt
Als was hij reeds dood.
De meester echter is wakker
En heeft het eeuwige leven.

Hij waakt.
Zijn geest is helder.

Hij is gelukkig,
Hij ziet: Wakker zijn is leven.
Hij is gelukkig,
Hij volgt het pad der ontwaakten.

Hij mediteert
Met grote volharding,
Op zoek naar vrijheid en geluk.

(uit de Dhammapada, in de vertaling van
Thomas Byrom)

Deze geest is een lichtbron. Hij is in wezen helder, maar wordt gekleurd door de gehechtheden die hem aankleven. Dit is de ongeschoolde mens niet duidelijk en dus ontwikkelt hij de geest niet. Deze geest is een lichtbron. Hij is helder en vrij van gehechtheden. Dit is de edele volger van de weg volmaakt duidelijk en dus richt hij zich op het ontwikkelen van de geest.

(uit de Anguttara Nikaya, in de vertaling van Gil Fronsdal)

Wie zich wijs opstelt, is eerlijk, niet arrogant, hij liegt en bedriegt niet, hij lastert en roddelt niet en is niet haatdragend. Hij stijgt uit boven het kwaad van hebzucht en gierigheid.

Wie gericht is op sereniteit moet macht verwerven over slaperigheid, doezeligheid en apathie. Geen plaats voor luiheid, geen toevlucht in trots.

Laat je niet verleiden tot liegen, wees niet gehecht aan de vorm. Zie door alle vormen van trots heen en ga je weg zonder geweld.

Wind je niet op over het oude, stel je niet tevreden met het nieuwe. Treur niet om wat verloren is gegaan en laat je niet beheersen door begeerte.

(vrij naar de Sutta-nipata, in de vertaling van H. Saddhatissa)

We zijn wat we denken.
Wat we zijn vloeit voort uit onze gedach-
ten.
Met ons denken scheppen we de wereld.
Hem die spreekt of handelt met een
onzuivere geest
Volgen de moeilijkheden op de voet,
Zoals de wielen de os voor de wagen.

We zijn wat we denken.
Wat we zijn vloeit voort uit onze gedach-
ten.
Met ons denken scheppen we de wereld.
Hem die spreekt of handelt met een
zuivere geest,
Volgt het geluk op de voet,
Onlosmakelijk als zijn schaduw.

Hoe kan een geest vol zorg en onrust
De weg begrijpen?

Je eigen onbewaakte gedachten kunnen
je meer schade berokkenen
Dan je ergste vijand.

Maar als je ze beheerst,
Kan niemand - zelfs niet je vader of moe-
der -
Je zo behulpzaam zijn.

(uit de Dhammapada, in de vertaling van
Thomas Byrom)

Metta Sutta

Dit is de levenswijze van wie bedreven en
vredelievend zijn en het goede willen:

Mogen ze capabel en oprecht zijn,
eerlijk, zachtmoedig in hun spreken en
niet trots.
Mogen ze onbezwaard, kalm van gemoed
en met weinig tevreden zijn.
Mogen ze wijs zijn, niet arrogant en niet
verlangen naar andermans bezit.
Mogen ze niets laags doen, niets dat laak-
baar is in de ogen der wijzen.

Mogen alle schepselen gelukkig zijn.
Mogen ze leven in veiligheid en vreugde.
Mogen alle levende wezens - zwak en
sterk, lang, van gemiddelde lengte en
klein, zichtbaar en onzichtbaar, veraf en
dichtbij, of ze al geboren zijn of nog
geboren moeten worden - gelukkig zijn.

Laat niemand een ander bedriegen of
enig wezen - op welk bestaansniveau het

zich ook bevindt - verachten; laat niemand door woede of haat een ander
kwaad berokkenen.

Koester, zoals een moeder waakt over
haar kind, bereid haar leven te wagen om
haar enige kind te beschermen, met een
ruim hart alle levende wezens en door-
dring heel de wereld met vrij uitvloeien-
de, liefdevolle vriendelijkheid.

Mogen we, of we nu staan of lopen, zitten of liggen, dit hart en deze manier van
leven - de beste ter wereld - gedurende
alle uren waarin we wakker zijn indachtig
zijn.

Wie niet gehecht is aan bespiegelingen,
veronderstellingen en zintuiglijke verlangens en er een heldere kijk op na houdt,
wordt nooit herboren in de kringloop
van het lijden.

(in de versie van Gil Fronsdal)

Het ontwikkelen van liefdevolle vriendelijkheid

Zet alle hindernissen opzij, laat je geest
vol liefde doordringen in het eerste, vervolgens in het tweede, daarna in het
derde en ten slotte in het vierde kwartier
van de wereld. Moge zo heel de wijde
wereld, boven, beneden, rondom en
overal, gezamenlijk voortgaan alles te
doordringen met liefdevolle gedachten,
overvloedig, verheven, bovenmate, vrij
van haat en kwaadwilligheid.

(vrij naar de Digha Nikaya, in de
vertaling van Maurice Walshe)

Alle wezens beven voor geweld.
Allen vrezen de dood.
Allen hebben het leven lief.

Zie jezelf weerspiegeld in anderen.
Wie kun jij dan deren?
Wat kan jou deren?

Wie geluk zoekt
In het pijn doen van wie geluk zoeken
Vindt het geluk nooit.

Je broeder is net als jij.
Hij wil gelukkig zijn.
Doe hem nooit kwaad,
Dan vind ook jij geluk
Als je dit leven verlaat.

(uit de Dhammapada, in de vertaling van
Thomas Byrom)

De geur van sandelhout,
Azalea en jasmijn
Verspreidt zich nooit tegen de wind in.

De geur van deugdzaamheid
Verspreidt zich echter zelfs tegen
de wind in
Tot de uiteinden der aarde.

Vervaardig, als guirlandes, geweven uit
een berg bloemen,
Uit je leven zoveel mogelijk goede
daden.

(Uit de Dhammapada, in de vertaling
van Thomas Byrom)

De grote toespraak over zegeningen

Eens verbleef de Verhevene in het Jeta-bos.
Een godheid van ongekende schoonheid
naderde hem en zei:

'Vele goden en mensen
hebben nagedacht over zegeningen.
Zeg mij, wat zijn de allerhoogste zegeningen?'

De Boeddha antwoordde:

'Je niet inlaten met de dwazen,
omgaan met de wijzen,
de eerbiedwaardigen eren,
dit is een van de allerhoogste zegeningen.

Op de juiste plek verblijven,
goede daden verricht hebben,
jezelf op het juiste spoor zetten,
dit is een van de allerhoogste zegeningen.

Welbespraakt zijn, goed opgeleid,
onderlegd, bedreven in handwerk
en uiterst gedisciplineerd,

dit is een van de allerhoogste zegeningen.

Zorgen voor moeder en vader,
zorg dragen voor vrouw en kind,
een beroep dat geen schade aanricht,
dit is een van de allerhoogste zegeningen.

Uitmuntend gedrag, een onberispelijke
handelwijze,
vrijgevigheid ten opzichte van alle verwanten
en onbaatzuchtig geven,
dit is een van de allerhoogste zegeningen.

Een eind maken aan en je onthouden
van het kwaad,
genotmiddelen vermijden,
je nijver bezighouden met deugdzame
oefeningen,
dit is een van de allerhoogste zegeningen.

Eerbiedwaardig en nederig,
tevreden en dankbaar zijn,
de Dharma horen op het juiste ogenblik,
dit is een van de allerhoogste zegeningen.

Geduldig en gehoorzaam zijn,
omgaan met spirituele mensen,
de Dharma op het juiste ogenblik
bespreken,
dit is een van de allerhoogste zegeningen.

Een streng en zuiver leven leiden,
de edele waarheden zien
en het nirwana verwezenlijken,
dit is de allerhoogste zegening.

Een geest die niet op zijn grondvesten trilt
als hij door de wereld wordt aangeraakt,
zonder verdriet, zonder smet of blaam en
zeker van jezelf zijn,
dit is de allerhoogste zegening.

Zij die dit alles hebben vervuld
zijn overal onoverwinbaar,
zij vinden overal welzijn,
hun valt de allerhoogste zegening ten deel.'

(vrij naar de Mangala Sutta, in de
vertaling van Gunaratana Mahathera)

Toen naderde de eerbiedwaardige Ananda de Heer, strekte zich in zijn volle lengte voor hem uit en ging opzij van hem zitten. Toen hij daar zat, zei de eerbiedwaardige Ananda tegen de Heer:

'De helft van dit heilige leven, Heer, is goed en biedt edele vrienden, het gezelschap van de goeden en omgang met de goeden.'

'Zeg dat niet, Ananda, zeg dat niet. Het is dit hele heilige leven, deze vriendschap, het gezelschap van de goeden en de omgang met de goeden.'

(uit de Samyutta Nikaya, in de vertaling van John Ireland)

Wat een feest om met eigen ogen de ontwaakten te zien
en in het gezelschap der wijzen te
verkeren.

Volg het voetspoor der stralenden,
wijzen, ontwaakten, liefhebbenden,
Zij weten wanneer je handelend moet
optreden en wanneer niet.

Maar als je geen vriend of meester
kunt vinden
Die met je meegaat,
Trek dan alleen verder -
Als een koning die zijn koninkrijk heeft
opgegeven,
Als een eenzame olifant in het woud.

Als de reiziger
Een deugdzame, wijze metgezel kan
vinden,
Laat hem dan blij gestemd met hem
verder trekken
En de gevaren van de weg overwinnen.

Volg hen
Zoals de maan het pad volgt van de sterren.

(uit de Dhammapada, in de vertaling van
Thomas Byrom)

'Hij heeft me misbruikt en geslagen,
Hij heeft me vernederd en beroofd.'
Wie zulke gedachten koestert, leeft
in haat.

'Hij heeft me misbruikt en geslagen,
Hij heeft me vernederd en beroofd.'
Wie zulke gedachten loslaat, leeft in
liefde.

Haat heeft in deze wereld
Haat nooit verdreven.
Dat kan alleen de liefde doen.
Dit is de eeuwenoude, onuitputtelijke
wet.

Jullie gaan ook eens dood.
Hoe kun je, als je dat weet,
nog ruziemaken?

(uit de Dhammapada, in de vertaling van
Thomas Byrom)

Een stel kinderen bouwde zandkastelen aan de oever van een rivier. Ze verdedigden elk hun kasteel met de woorden: 'Dit is mijn kasteel.' Ze hielden hun kastelen gescheiden en iedereen moest er rekening mee houden welk kasteel van wie was. Toen alle kastelen af waren, schopte een van de kinderen het kasteel van een ander kapot en maakte het met de grond gelijk. De eigenaar van dat kasteel werd woedend, trok het andere kind aan zijn haar, gaf hem een aframmeling en schreeuwde: 'Hij heeft mijn kasteel kapotgemaakt! Kom me helpen, dan zullen we hem een lesje leren!' De andere kinderen kwamen hem allemaal te hulp. Ze sloegen het bewuste kind met stokken, gooiden hem op de grond en schopten hem. Toen gingen ze door met hun spel en zeiden: 'Dit is mijn kasteel! Niemand mag aan mijn kasteel komen! Waag het niet in de buurt van mijn kasteel te komen!' De avond viel, het werd donker en de kinderen moesten naar huis. Het kon hun opeens niets meer schelen wat er met hun kasteel gebeurde. De een begon erop te stampen en te springen, de ander maakte het met zijn handen met de grond gelijk. Toen keerden ze zich om en gingen op huis aan.

(uit de Yogacara Bhumi Sutra, in de vertaling van Arthur Waley)

De geïnstrueerde leerling der edelen ziet de materiële vorm niet als het zelf, het zelf niet als materiële vorm en gaat er ook niet van uit dat het zelf zich in de materiële vorm bevindt of de materiële vorm in het zelf. En zo kijkt hij ook niet aan tegen de gevoelens, de waarneming, de aandriften en het bewustzijn. Hij ziet deze aggregaten voor wat ze zijn, namelijk, vergankelijk, in lijden begrepen, niet-zelf, samengesteld, smartelijk. Hij laat zich er niet mee in, jaagt ze niet na en besluit ook niet: 'Dit ben ik zelf.' Dit draagt langdurig bij tot zijn welzijn en geluk.

De geïnstrueerde leerling der edelen ziet materiële vormen en dergelijke als volgt. 'Dit is niet van mij, dit ben ik niet, dit is niet mijn zelf.' En dus wellen er, als materiële vormen en dergelijke een verandering ondergaan en in iets anders verkeren, geen verdriet, smart,

lijden, geweeklaag en wanhoop in hem
op.

(vrij naar de Samyutta Nikaya, in de
vertaling van L. Feer)

'Ik wend mij in alle nederigheid met de volgende vraag tot deze wijze die ziet wat goed is. "Hoe moet je tegen de wereld aankijken opdat de vorst des doods je niet ziet?"'

'Zie de wereld als leegte, Mogharagan,' zei de Boeddha. 'Wees steeds waakzaam. Wie zichzelf niet langer ziet als iets dat echt bestaat, kan de dood overwinnen. De vorst des doods ziet wie zo tegen de wereld aankijkt niet.'

(vrij naar de Sutta-nipata, in de vertaling van V. Fausböll)

'Ontwikkel een geesteshouding als de aarde, Rahoela. De mensen gooien van alles, schoon en vies, op de aarde - mest en urine, speeksel, pus en bloed - maar de aarde zit hier niet mee en keert zich niet vol walging af. Als je wordt als de aarde heeft geen enkel contact, prettig of onprettig, vat op je.

'Ontwikkel een geesteshouding als water. De mensen gooien van alles, schoon en vies, in het water, maar het water zit hier niet mee en keert zich niet vol walging af. Ontwikkel een geesteshouding als het vuur, dat alles, schoon en vies, verbrandt, als de lucht, die over alles heen blaast, en als de ruimte, die nergens is vastgelegd.

'Ontwikkel een vriendelijke geesteshouding, Rahoela, zo neemt haatdragendheid af; van mededogen, zo neemt ergernis af; van vreugde, zo neemt afkeer af; van gelijkmoedigheid, zo neemt onverenigbaarheid af.'

(Uit de Majjhima Nikaya, in de vertaling van A.L. Basham)

Leef in vreugde,
In liefde,
Ook temidden van hen die haten.

Leef in vreugde,
In gezondheid,
Ook temidden van hen die ziek zijn.

Leef in vreugde,
In vrede,
Ook temidden van hen die het moeilijk
hebben.

Kijk naar binnen.
Verstil.
Ken, vrij van angst en gehechtheid,
De zoete vreugde van de weg.

(uit de Dhammapada, in de vertaling van
Thomas Byrom)

'Ik heb mijn rijst gekookt en mijn koeien gemolken,' zei de herder Dhaniya. 'Ik leef met mijn metgezellen aan de oever van de rivier de Mahi, ik heb een dak boven mijn hoofd en het vuur brandt. Laat het dus maar regenen, hemel, als je dat wilt!'

'Ik ken geen woede en geen koppigheid,' zei de Gezegende. 'Ik verblijf in mijn eentje één enkele nacht aan de oever van de rivier de Mahi, ik heb geen dak boven mijn hoofd en het vuur van het verlangen is gedoofd. Laat het dus maar regenen, hemel, als je dat wilt!'

'Bij mij zijn geen horzels te vinden,' zei de herder Dhaniya. 'De koeien grazen in weiden met puik gras en kunnen tegen een stootje. Laat het dus maar regenen, hemel, als je dat wilt!'

'Ik heb een stevig vlot gemaakt,' zei de Boeddha. 'Ik ben overgestoken naar het nirwana, ik heb de andere oever bereikt en de woelige stroom bedwongen. Ik heb geen vlot meer nodig. Laat het dus maar regenen, hemel, als je dat wilt!'

'Mijn vrouw is gehoorzaam en niet wulps,' zei de herder Dhaniya. 'Ze leeft al heel lang met me samen, ze is aantrekkelijk en ik hoor niets dan goeds over haar. Laat het dus maar regenen, hemel, als je dat wilt!'

'Mijn geest is gehoorzaam, hem kleeft niets werelds meer aan,' zei de Boeddha. 'Hij is gedurende lange tijd en in hoge mate ontwikkeld en streng onderworpen; er huist in mij niets slechts meer. Laat het dus maar regenen, hemel, als je dat wilt!'

'Ik voorzie in mijn eigen levensonderhoud,' zei de herder Dhaniya. 'Mijn kinderen zijn om me heen, ze zijn gezond en ik hoor niets dan goeds over hen. Laat het dus maar regenen, hemel, als je dat wilt!'

'Ik ben niemands knecht,' zei de

Boeddha. 'Ik loop in de wereld rond met wat ik heb verworven zonder aan iemand onderworpen te zijn. Laat het dus maar regenen, hemel, als je dat wilt!'

(vrij naar de Sutta-nipata, in de vertaling van V. Fausböll)

'Vóór mijn verlichting, toen ik nog een onverlichte bodhisattva was, dacht ik: Welke beloning, welk gevaar en welke mogelijkheid tot ontsnappen bieden materiële vormen, gevoelens [genot, pijn of geen van beide], waarneming, denkbeelden en bewustzijn? En ik dacht: In al die gevallen zijn lichamelijk genot en verstandelijke vreugde de beloning die ontstaat, afhankelijk van deze vijf aggregaten. Het feit dat dit alles vergankelijk en pijnlijk is en onderworpen aan verandering is het gevaar. De ontsnappingsmogelijkheid ligt in het in goede banen leiden en opgeven van begeerte en lust.

'Zolang ik niet uit eigen ervaring wist hoe dit zat en dat dit voor deze vijf aggregaten - die worden beïnvloed door gehechtheid - de beloning, het gevaar en de ontsnappingsmogelijkheid waren, durfde ik niet te beweren dat ik de verlichting had gevonden die subliem is in deze wereld met zijn goden, mara's en godheden, in deze generatie met zijn monniken en brahmanen, prinsen en

gewone mensen. Zodra ik echter uit
eigen ervaring wist hoe dit zat, dat dit
voor deze vijf aggregaten - die worden
beïnvloed door gehechtheid - de beloning, het gevaar en de ontsnappingsmogelijkheid waren, durfde ik te beweren
dat ik de verlichting had gevonden die
subliem is in deze wereld met zijn goden,
mara's en godheden, in deze generatie
met zijn monniken en brahmanen, prinsen en gewone mensen.'

'Daar ik zelf onderworpen ben aan
geboorte, ouderdom, ziekte, dood, verdriet, bezoedeling, en ik het gevaar zie
van wat daaraan is onderworpen, en ik de
niet-geboren, niet-verouderende, niet-
zieke, niet-sterfelijke, niet-smartelijke,
niet-bezoedelde, verheven beëindiging
van de slavernij, nirwana, zoek, heb ik
dit bereikt. Ik had de kennis en het
inzicht in mij. Mijn bevrijding is onaan-
tastbaar. Dit is mijn laatste geboorte. Nu
wordt het worden niet meer vernieuwd.'

'Ik ging door de kringloop van talloze
geboorten,
Op zoek naar de huizenbouwer, maar
vond hem niet.
Hoe pijnlijk is het telkens opnieuw gebo-
ren te worden.
Huizenbouwer, nu heb ik u ontdekt;
U bouwt dit huis niet weer;
Uw dakbinten zijn ingestort;
Ook uw nokbalk is vernietigd.
Mijn geest heeft thans het ongevormde
nirwana verworven
En het einde van alle verlangens bereikt.'

(uit de Samyutta Nikaya, de Majjhima
Nikaya en de Dhammapada,
in de vertaling van Nyanamoli Thera)

Er kwam een man bij de Boeddha die wilde dat deze al zijn filosofische vragen beantwoordde voordat hij aan de praktijk begon.

Daarop antwoordde de Boeddha: 'Dat is alsof een man die gewond is door een giftige pijl, als de arts bij hem komt, zegt: "U mag deze giftige pijl niet verwijderen voordat ik weet tot welke kaste de man die mij gewond heeft behoort, hoe oud hij is, wat hij doet voor de kost, waar hij geboren is en waarom hij mij dit heeft aangedaan." Die man zou vóór hij dit alles had vernomen sterven. Wie zegt: "Ik wil de leer van de Gezegende niet volgen voordat hij mij de veelvormige waarheden van de wereld heeft uitgelegd" sterft op precies dezelfde wijze vóór de Boeddha hem dit alles heeft kunnen uitleggen.'

(vrij naar de Majjhima Nikaya, in de vertaling van H.C. Warren)

'Zoals een kundig geneesheer een patiënt die pijn heeft en heel ziek is op slag kan genezen, zo, mijn heer, verdwijnen als je de Dharma van de Boeddha hoort - of het daarbij nu gaat om toespraken, gemengd proza, verklaringen of schitterende opmerkingen - je smart, geweeklaag, pijn, verdriet en wanhoop op slag.

'Zoals wanneer een uitgedroogd man, uitgeput door de hitte, vermoeid, versmacht en verdorst bij een prachtige vijver komt met een mooie oever en kristalhelder, aangenaam, koel en doorzichtig water en in de vijver stapt, baadt en drinkt, waardoor de ellende, vermoeidheid en koorts van hem afglijden, zo, mijn heer, worden, als je de Dharma van de Boeddha hoort - of het daarbij nu gaat om toespraken, gemengd proza, verklaringen of schitterende opmerkingen - al je ellende, vermoeidheid en het koortsig branden van je hart op slag gelenigd.'

(uit de Anguttara Nikaya, in de vertaling van Nyanaponika Thera)

De vier edele waarheden

De Boeddha zei:

'En ik ontdekte die diepe waarheid, die zo moeilijk te doorgronden, zo moeilijk te begrijpen is, die niet louter door redeneren is te verwerven, die zo rustgevend en verheven is en alleen zichtbaar voor de wijzen.

'De wereld echter geeft zich over aan genot, vermeit zich in genot, laat zich verleiden en betoveren door genot. Waarlijk, die wezens kunnen de wet van oorzaak en gevolg, het afhankelijk ontstaan van alles amper begrijpen. Er zijn echter wezens die maar heel weinig stof op hun oogleden hebben en zij begrijpen de waarheid wel.'

Wat nu is de edele waarheid van het lijden?
Geboorte is lijden; aftakeling is lijden; de dood is lijden; verdriet, geweeklaag, pijn, smart en wanhoop zijn lijden; niet krijgen wat je graag wilt hebben is lijden;

kortom, de vijf groepen waaruit het
bestaan is opgebouwd zijn lijden.

Wat nu is de edele waarheid van de oorsprong van het lijden?

Verlangen, dat een nieuwe wedergeboorte bewerkstelligt en, gepaard gaande
met genietingen en lustgevoelens, nu
hier, dan daar, steeds nieuwe verrukkin-
gen vindt. Maar waar ontstaat dit verlangen en waar schiet het wortel? Dit
gebeurt waar ter wereld er maar verruk-
kelijke en aangename dingen zijn. Het
oog, het oor, de neus, de tong, het
lichaam en de geest zijn verrukkelijk en
aangenaam. Daar ontstaat dit verlangen
en schiet het wortel.

Zichtbare dingen, geluiden, geuren,
smaken, lichamelijke indrukken en zaken
die het verstand betreffen zijn verrukkelijk en aangenaam. Daar ontstaat dit verlangen en schiet het wortel.

Bewustzijn, zintuiglijke indrukken,
gevoelens die voortkomen uit gevoelsma-
tige indrukken, waarneming, wil, verlan-

gen, denken en bespiegeling zijn verrukkelijk en aangenaam. Daar ontstaat dit
verlangen en schiet het wortel.

Wat nu is de edele waarheid van het
ophouden van het lijden?

Het volkomen teloorgaan en uitdoven
van dit verlangen, het verzaken en opgeven, je ervan bevrijden en je eraan ont-
hechten, het uitdoven van hebzucht,
haat en begoocheling. Dat heet nirwana.

Een leerling die zich aldus heeft
bevrijd en in wiens hart vrede woont,
hoeft niets toe te voegen aan wat hij
heeft gedaan; er valt niets meer te doen.
Zoals een vaste rots niet wordt geschokt
door de wind, kunnen vormen, geluiden,
geuren, smaken, contacten van welke
aard ook, het gewenste en het niet-
gewenste, niet maken dat zo iemand
wankelt. Hij is standvastig van geest en
bereikt de bevrijding.

Wie heeft nagedacht over alle tegen-
stellingen op deze aarde en zich door
niets ter wereld meer laat verstoren, wie

sereen is en vrij van woede, verdriet en
verlangen, is geboorte en verval voorbij.

Dit noem ik ontstaan, vergaan noch
stilstaan, geboren worden noch sterven.
Er is geen houvast, geen ontwikkeling,
geen enkel aanhechtingspunt. Dat is het
eind van het lijden.

Het doel van het heilige leven bestaat
dus niet uit het krijgen van aalmoezen,
het zoeken naar eer of roem of het verwerven van moraal, concentratie en het
oog van kennis. Het doel van het heilige
leven is de onaantastbare bevrijding van
het hart, dat is de essentie, het uiteindelijke doel.

Wat nu is de edele waarheid van de weg
die leidt tot het ophouden van het lijden?

Je niet langer vermeien in sensuele
genoegens - het lage, gemene, vulgaire,
goddeloze, dat geen vrucht afwerpt; je
niet langer ophouden met versterving -
het pijnlijke, goddeloze, dat geen vrucht

afwerpt. Die beide extremen worden door de Volmaakte vermeden, hij heeft de middenweg gevonden en weet wat tot vrede, inzicht, nirwana leidt, namelijk het edele achtvoudige pad, de weg die leidt tot het ophouden van het lijden:

1. Het juiste inzicht
2. De juiste intentie
3. De juiste spraak
4. De juiste handelwijze
5. Het juiste levensonderhoud
6. De juiste inzet
7. De juiste geesteshouding
8. De juiste concentratie

Dit is de middenweg, die door de Volmaakte is ontdekt, die maakt dat je ziet en weet en die leidt tot vrede, inzicht en verlichting.

(uit de Samyutta Nikaya, in de vertaling van Nyanatiloka)

Heb je in de wereld ooit een man of vrouw gezien van tachtig, negentig, honderd jaar, breekbaar, krom als een puntdak, gebogen, op krukken, onzeker ter been, wankelend van gang, zwak, hun jeugd sinds lang vervlogen, met brokkelige tanden, grijs haar of nauwelijks een haar meer op het hoofd en een huid vol vlekken? En is toen nooit de gedachte bij je opgekomen dat ook jij onderworpen bent aan aftakeling, dat ook jij daaraan niet ontkomt?

Heb je in de wereld ooit een man of vrouw gezien, aangedaan, aangetast en ernstig ziek, wentelend in het eigen vuil, door de een gedragen en door de ander naar bed gebracht? En is toen nooit de gedachte bij je opgekomen dat ook jij onderworpen bent aan ziekte, dat ook jij daaraan niet ontkomt?

Heb je in de wereld ooit het lichaam van een man of vrouw gezien, één, twee, drie dagen na het sterven, opgezwollen, blauw-zwart van kleur en vol bederf? En is toen nooit de gedachte bij je opgekomen dat ook jij onderworpen bent aan de dood en dat ook jij daaraan niet ontkomt?

Stel, een man, die niet blind is, slaat de vele luchtbellen op de rivier de Ganges gade terwijl ze voorbijdrijven, hij bekijkt ze en bestudeert ze zorgvuldig en dan komt het hem voor dat ze leeg, onwerkelijk en niet-substantieel zijn. Zo beschouwt de monnik alle lichamelijke verschijnselen, gevoelens, waarnemingen, denkbeelden en bewustzijnstoestanden, of ze nu tot het verleden, het heden of de toekomst behoren, veraf of dichtbij zijn. Hij slaat ze gade en bestudeert ze zorgvuldig en dan komen ze hem leeg, ledig en zonder zelf voor.

(uit de Majjhima Nikaya, in de vertaling van Nyanatiloka)

Slechts een enkeling steekt de rivier
over.
De meesten stranden aan deze kant.
Ze rennen langs de oever op en neer.

Maar de wijze, die de weg volgt,
Steekt de rivier over en is buiten het
bereik van de dood.

Zonder verlangens,
Zonder bezittingen,
Zonder gehechtheid en honger
Volgt de wijze de zeven lichten van het
ontwaken,
Vermeit zich in zijn vrijheid
En wordt in deze wereld
Zelf een licht,
Zuiver, stralend, vrij.

(vrij naar de Dhammapada, in de
vertaling van Thomas Byrom)

Gautami was haar familienaam, maar omdat ze zo frêle was, werd ze Kisa Gautami, Zwakke Gautami genoemd. Ze werd opnieuw geboren in Savatthi in een verarmde familie. Toen ze opgroeide, trouwde ze en werd opgenomen in het huis van de familie van haar man. Daar werd ze, omdat ze uit een verarmde familie kwam, met de nek aangekeken, maar toen ze na een tijdje een zoon kreeg, werd ze met respect bejegend.

Toen haar zoontje zo oud was dat hij net ging spelen en ronddartelen, stierf hij. Zijn moeder werd verteerd door verdriet. Ze dacht: Sinds de geboorte van mijn zoon, ben ik, die hier vroeger met de nek werd aangekeken, met respect bejegend. Deze mensen zijn in staat mijn zoon op de asvaalt te gooien. Ze nam haar zoontje op haar heup, ging van deur tot deur en zei: 'Geef me een geneesmiddel voor mijn zoontje!'

De mensen die ze aansprak, klapten in hun handen, lachten haar uit en zeiden: 'Een geneesmiddel tegen de dood? Dat bestaat niet!' Zij had er geen flauw benul van wat ze bedoelden.

Een wijze man zag haar en dacht: Die vrouw is waanzinnig van verdriet over de dood van haar zoontje. Wat een geneesmiddel betreft, dat weet alleen de Wijze van de Tien Krachten. Hij zei: 'Vrouw, wat een geneesmiddel voor je zoontje betreft, de Wijze van de Tien Krachten, de allerhoogste in de wereld van mensen en goden, verblijft in een klooster hier vlakbij. Ga naar hem toe en vraag hem erom.'

Die man spreekt de waarheid, dacht de vrouw. Ze nam haar zoontje op haar heup, ging in de buitenste rij staan van de grote kring die zich had gevormd rond de op zijn zetel gezeten Boeddha en zei: 'O, Verhevene, geef mij een geneesmiddel voor mijn zoontje!'

De leermeester, die zag dat ze op het punt stond een ommekeer te ondergaan, zei: 'Gautami, je hebt er goed aan gedaan hierheen te komen voor een geneesmiddel. Ga de stad in, begin bij het begin, loop de hele stad door en breng me een paar mosterdzaadjes uit een huis waarin nooit iemand is gestorven.'

'Goed, eerbiedwaardige heer,' zei Gautami. Opgetogen ging ze de stad binnen en zei bij het allereerste huis: 'De Wijze van de Tien Krachten heeft me gevraagd een paar mosterdzaadjes mee te brengen als geneesmiddel voor mijn zoontje. Geef me een paar mosterdzaadjes.'

'Arme Gautami,' zeiden de mensen en brachten haar een paar mosterdzaadjes.

'Deze zaadjes mag ik niet aannemen. In dit huis is iemand gestorven.'

'Daar zeg je een waar woord, Gautami! De doden zijn hier met geen mogelijkheid te tellen!'

'Dat is dan dat! Ik kan ze niet aannemen. De Wijze van de Tien Krachten heeft gezegd dat ik geen mosterdzaadjes mocht aannemen uit een huis waarin iemand is gestorven.'

Ze klopte aan bij het volgende huis en toen bij het derde. Ze dacht: Zo zal het de hele stad door gaan! De Boeddha, die vol mededogen is voor het welzijn van de mensheid, heeft dit voorzien! Overweldigd door emotie liep ze de stad uit, bracht haar zoontje naar de begraafplaats en zei, terwijl ze hem voor het laatst in haar armen sloot: 'Mijn lieve zoontje, ik dacht dat jij als enige was getroffen door dit verschijnsel dat ze de dood noemen. Maar jij bent niet de enige. Dit is een wet die geldt voor alle mensen.' Daarop liet ze haar zoontje op de begraafplaats achter. Toen sprak ze het volgende gedichtje uit:

Dit is geen wet van dorp of stad,
Of van één enkel huis.
Dit is de enige wet die geldt voor heel de wereld
En alle werelden der goden -
Dat alles vergankelijk is.

(uit Buddhist Parables, in de vertaling van E.W. Burlingame)

'Al wat vorm heeft is vergankelijk; al wat vorm heeft is onderhevig aan lijden; alles is zonder zelf.

'Beoordeel dus al wat er bestaat aan vorm, gevoel, waarneming, denkbeelden, bewustzijn, verleden, heden en toekomst, inwendig en uitwendig, grof en subtiel, hoog en laag, veraf en dichtbij naar de werkelijkheid en de ware wijsheid: 'Dit hoort niet bij me; dit ben ik niet; dit is niet mijn zelf.'

(uit de Anguttara Nikaya en de Samyutta Nikaya, in de vertaling van Nyanatiloka)

'Zo, Ananda, welt in degene die de vreugde overweegt van alles wat gepaard gaat met gehechtheid, verlangen op. Verlangen is de voorwaarde voor gehechtheid, gehechtheid de voorwaarde voor wording, wording de voorwaarde voor wedergeboorte, wedergeboorte de voorwaarde voor ouderdom, dood, verdriet, geweeklaag, pijn, smart en wanhoop. Zo ontstaat de totaliteit van het lijden in de toekomst steeds opnieuw.

'Maar, Ananda, in degene die de ellende bespiegelt die wordt veroorzaakt door alles waaraan men zich hecht, houdt het verlangen op te bestaan. Als het verlangen ophoudt te bestaan, houdt de gehechtheid op te bestaan; als de gehechtheid ophoudt te bestaan houdt de wording op te bestaan; als de wording ophoudt te bestaan, houdt de wedergeboorte op te bestaan; als de wedergeboorte ophoudt te bestaan, houden ouderdom, dood, verdriet, geweeklaag, pijn, smart en wanhoop op te bestaan. Zo komt er een eind aan de totaliteit van het lijden.

'Stel, Ananda, er was een grote boom en er kwam een man met een bijl en een mand die de boom bij de wortels omhakte. Daarna groef hij een gat en trok zelfs de kleinere wortels en vezels van de boom uit. Vervolgens hakte hij de boom in stukken, spleet de blokken en hakte ze in mootjes. Vervolgens droogde hij de splinters in de wind en de zon, en verbrandde ze in het vuur. Hij verzamelde de as, wande deze in de hevige wind of liet ze wegdrijven op een snelle stroom.

'De grote boom die aldus was omgehakt zou zijn als de stronk van een palmboom, hij zou onproduktief zijn geworden en zou in de toekomst niet weer kunnen uitbotten.

'Evenzo, Ananda, komt er in degene die de ellende bespiegelt van alles wat gepaard gaat met gehechtheid ... een eind aan de totaliteit van het lijden.'

(uit de Samyutta Nikaya, in de vertaling van David Maurice)

De soetra over totaliteit

Monniken, ik onderricht jullie over de totaliteit van het leven. Luister, let goed op, dan open ik mijn mond.

Wat, monniken, is totaliteit? Het is het oog met wat het ziet, het oor met wat het hoort, de neus met wat hij ruikt, het lichaam met wat het aanraakt en de geest met wat hij kent. Dat, monniken, wordt totaliteit genoemd.

Welnu, als iemand zei: 'Ik predik naast deze verklaring van de totaliteit een andere totaliteit,' dan sprak hij holle woorden en kon hij, als hij werd ondervraagd, niet antwoorden. Waarom niet? Omdat hij spreekt over iets dat valt buiten de mogelijke kennis.

(uit de Samyutta Nikaya, in de vertaling van Gil Fronsdal)

De toespraak over vuur

De Gezegende begaf zich samen met een duizendtal monniken naar Gayasisa in de buurt van Gaya.

Daar sprak hij hen als volgt toe. 'Monniken, alles staat in brand. En hoe staat alles in brand?

'Het oog staat in brand; zichtbare dingen staan in brand; verstandelijke indrukken die berusten op het oog staan in brand; het contact van het oog met de zichtbare dingen staat in brand; gewaarwordingen die voortvloeien uit het contact van het oog met zichtbare dingen - prettig en pijnlijk of prettig noch pijnlijk - staan in brand. En met welk vuur? Ik zeg jullie, ze branden met het vuur van hebzucht, woede en onwetendheid; ze branden met de angst voor geboorte, aftakeling, dood, smart, geweeklaag, lijden, begoocheling en wanhoop.

'Het oor staat in brand, geluiden staan in brand ... De neus staat in brand, geuren staan in brand ... De tong staat in

brand, smaken staan in brand ... Het
lichaam staat in brand, alles waarmee het
lichaam in aanraking komt staat in brand
... De geest staat in brand, gedachten
staan in brand, alles brandt met het vuur
van hebzucht, woede en onwetendheid.

'De leerling die het edele pad bewandelt en dit ziet, wordt moe van het oog,
moe van zichtbare dingen, moe van verstandelijke indrukken die op het oog
berusten, moe van het contact van het
oog met zichtbare dingen, moe van de
gewaarwordingen die voortvloeien uit
het contact van het oog met zichtbare
dingen - prettig en pijnlijk of prettig
noch pijnlijk. Hij wordt moe van het oor,
enzovoorts ... tot gedachten aan toe. Als
hij dat alles moe is, doet hij afstand van
hebzucht; als hij afstand doet van hebzucht, wordt hij bevrijd; als hij bevrijd is,
wordt hij zich ervan bewust dat hij vrij is;
hij beseft dat er een eind is gekomen aan
de wedergeboorte en dat hij niet meer
naar deze wereld hoeft terug te keren.'

Toen de Gezegende deze toespraak

had gehouden werd de geest van de dui-
zend monniken bevrijd van zijn gehechtheid aan de wereld en zaten zij niet langer in deze wereld verstrikt.

(vrij naar de Mahavagga, in de vertaling
van T.W. Rhys-Davids en Herman
Oldenberg)

Word meester over je zintuigen,
Over wat je proeft en ruikt,
Over wat je ziet en hoort.

Wees in alles een meester,
In wat je doet, in wat je zegt, in wat je
denkt.
Wees vrij.

Ben je kalm?
Breng je lichaam tot rust.
Breng je geest tot rust.

Ontwaak op eigen kracht,
Sla jezelf gade
En leef verblijd.

Volg de waarheid van de weg.
Denk over haar na.
Maak je haar eigen.
Leef haar.
Zij zal je altijd onderhouden.

(uit de Dhammapada, in de vertaling van
Thomas Byrom)

Nagasena zei:

'Nirwana heeft één eigenschap
gemeen met de lotus, twee met water,
drie met medicijn, tien met ruimte, drie
met het wensjuweel en vijf met de bergtop. Zoals de lotus niet wordt besmet
door water, wordt nirwana niet besmet
door bezoedeling. Zoals water alle koort-
sige verhittingen afkoelt, verkoelt ook
nirwana en lenigt de koorts van alle
hartstochten. Zoals water de dorst lest
van mens en dier die uitgeput, versmacht, verdorst en overweldigd zijn
door hitte, heft nirwana alle verlangen
naar sensuele genoegens, verdere wording, het ophouden van wording op.
Zoals medicijn beschermt tegen de kwel-
ling van vergif, beschermt nirwana tegen
de foltering van giftige hartstochten.
Zoals medicijn een eind maakt aan ziekte, maakt nirwana een eind aan alle lijden. Nirwana en medicijn schenken
beide zekerheid. Dit zijn de tien hoeda-
nigheden die nirwana gemeen heeft met
ruimte. Ze worden geen van beide gebo-

ren, ze verouderen geen van beide, ze sterven geen van beide, ze zijn niet vergankelijk, ze worden niet wedergeboren, ze zijn onoverwinnelijk, ze kunnen niet worden ontvreemd en worden niet ondersteund, het zijn wegen waarlangs vogels en ontwaakten reizen, ze kennen geen belemmering en zijn oneindig. Net als het wensjuweel doet nirwana al je wensen in vervulling gaan, het brengt vreugde en verspreidt licht. Zoals een bergtop hoog en verheven is, zo is nirwana dat ook. Zoals een bergtop onverstoorbaar is, zo is nirwana dat ook. Zoals een bergtop ontoegankelijk is, zo is nirwana ontoegankelijk voor alle hartstochten. Zoals op een bergtop geen zaad kan opschieten, zo kan het zaad van de hartstocht niet opschieten in nirwana. En ten slotte, zoals een bergtop vrij is van alle verlangen om te behagen of te mishagen, zo is nirwana dat ook.'

(uit de Milindapanha, in de vertaling van Edward Conze)

Heb jezelf lief en wees ontwaakt -
Vandaag, morgen, immer.

Veranker je eerst in de weg,
Leer deze vervolgens aan anderen
En maak zo een eind aan het lijden.

Doe om wat krom is recht te maken
Eerst iets dat veel moeilijker is -
Maak jezelf recht.

Jij bent je enige meester.
Wie anders?
Onderwerp jezelf,
En ontdek je meester.

(vrij naar de Dhammapada, in de
vertaling van Thomas Byrom)

Het was oogsttijd en de vijfhonderd ploegen van de brahmaan Kasibharadvaja
werden aan het werk gezet. Op een och-
tend, toen de Boeddha zich had aange-
kleed en zijn bedelnap en zijn dubbele
overkleed had genomen, begaf hij zich
naar de plek waar het werk van
Kasibharadvaja in voortgang was. Het
was etenstijd en de brahmaan deelde het
eten uit. Toen de Boeddha daar aan-
kwam, ging hij aan de zijkant staan. De
brahmaan zag hoe de Boeddha daar stond
te wachten op een aalmoes en zei:
'Kluizenaar, ik ploeg en ik zaai en daarna
eet ik. Dat zou u ook moeten doen.'

'Dat doe ik ook, brahmaan.'

'Dat zegt u nu wel, maar waar zijn uw
juk, uw ploeg, uw ploegschaar, uw prikstok en uw ossen, eerbiedwaardige
Gautama? Daarop sprak Kasibharadvaja
tot de Boeddha de volgende dichtregels.

'U zegt dat u een boer bent, maar
nooit zien wij u ploegen. Geef ons, nu wij
u ernaar vragen, een antwoord dat wij
kunnen begrijpen.'

De Boeddha zei: 'Vertrouwen is mijn zaad, zelfbeheersing mijn teugel, wijsheid mijn juk en ploeg, bescheidenheid mijn disselboom, verstand mijn touw, oplettendheid mijn ploegschaar en mijn prikstok.

'Ik beheers mijn lichaam, ik beheers mijn spraak, ik eet weinig, met de waarheid verdelg ik het onkruid en sereniteit is mijn bevrijding.

'Mijn ingespannen ossen zijn de tomeloze energie die me voert naar nirwana. Het gaat zonder ophouden door en wie daar aankomt, kent geen spijt.

'Zo ploeg ik voort. De vrucht is onsterfelijkheid. Wie zo ploegt, wordt bevrijd van alle lijden.'

(uit de Sutta-nipata, in de vertaling van H. Saddhatissa)

Drink diep.
Leef sereen en verblijd.
De wijze vermeit zich in de waarheid
En volgt de wet der ontwaakten.

De boer irrigeert zijn land,
De boogschutter scherpt zijn pijlen,
De timmerman draait het hout.
Zo richt de wijze zijn geest.

(vrij naar de Dhammapada, in de
vertaling van Thomas Byrom)

Het pad van opmerkzaamheid

'Monniken,' zei de Boeddha, 'je kunt levende wezens op een prachtige manier helpen zuiverheid te bereiken, smart en verdriet op slag te overwinnen, een eind te maken aan angst en pijn, het juiste pad te bewandelen en nirwana te verwezenlijken door middel van de vier grondslagen van opmerkzaamheid.

'Wat zijn deze vier grondslagen?

'Monniken, wie dit beoefent slaat zonder ophouden het lichaam in het lichaam gade, hij is nijver, heeft een heldere kijk, is opmerkzaam en verzaakt elk verlangen naar, elke afkeer voor dit leven.

'Hij slaat zonder ophouden de gevoelens in de gevoelens gade, hij is nijver, heeft een heldere kijk, is opmerkzaam en verzaakt elk verlangen naar, elke afkeer voor dit leven.

'Hij slaat zonder ophouden de geest in de geest gade, hij is nijver, heeft een heldere kijk, is opmerkzaam en verzaakt elk verlangen naar, elke afkeer voor dit leven.

'Hij slaat zonder ophouden wat de geest oproept gade in wat de geest oproept, hij is nijver, heeft een heldere kijk, is opmerkzaam en verzaakt elk verlangen naar, elke afkeer voor dit leven.

'Hoe slaat de beoefenaar zonder ophouden het lichaam in het lichaam gade?

'Hij begeeft zich naar het woud, gaat met gekruiste benen en rechtop in de lotushouding zitten aan de voet van een boom of in een leeg vertrek en verzinkt in opmerkzaamheid. Hij ademt in en is zich ervan bewust dat hij inademt. Hij ademt uit en is zich ervan bewust dat hij uitademt. Hij ademt diep in en weet: Ik adem diep in. Hij ademt diep uit en weet: Ik adem diep uit. Hij ademt niet diep in en weet: Ik adem niet diep in. Hij ademt niet diep uit en weet: Ik adem niet diep uit.

'Hij oefent als volgt. Als ik inadem, ben ik me bewust van mijn hele lichaam.

Als ik uitadem ben ik me bewust van mijn hele lichaam. En vervolgens: Als ik inadem, breng ik mijn lichaamsfuncties tot rust. Als ik uitadem, breng ik mijn lichaamsfuncties tot rust.

'Bovendien is hij zich er als hij loopt van bewust: Ik loop. Als hij staat is hij zich ervan bewust: Ik sta. Als hij zit is hij zich ervan bewust: Ik zit. Als hij ligt is hij zich ervan bewust: Ik lig. Welke lichaamshouding hij ook aanneemt, hij is zich ervan bewust.

'Als hij voor- of achteruit loopt, richt hij zijn volle bewustzijn daarop. Als hij voor of achter zich kijkt, vooroverbuigt of zich opricht, richt hij zijn volle bewustzijn daarop. Hij richt zijn volle bewustzijn op het dragen van het kleed en de bedelnap. Als hij eet, drinkt, kauwt of slikt, richt hij zijn volle bewustzijn daarop. Als hij zijn ontlasting doet of plast, richt hij zijn volle bewustzijn daarop. Als hij loopt, staat, ligt, zit, slaapt of waakt, spreekt of zwijgt, laat hij zijn bewustzijn daarover schijnen.'

'Monniken, hoe slaat de beoefenaar zonder ophouden de gevoelens in de gevoelens gade?

'Bij een prettig gevoel is hij zich ervan bewust: Ik heb een prettig gevoel. Bij een pijnlijk gevoel is hij zich ervan bewust: Ik heb een pijnlijk gevoel. Bij een gevoel dat prettig noch pijnlijk is, is hij zich ervan bewust: Ik heb een neutraal gevoel. Als hij een gevoel ervaart in zijn lichaam, is hij zich ervan bewust: Ik ervaar een gevoel in mijn lichaam. Als hij een gevoel ervaart in zijn geest is hij zich ervan bewust: Ik ervaar een gevoel in mijn geest.'

'Monniken, hoe slaat de beoefenaar zonder ophouden de geest in de geest gade?

'Als zijn geest een verlangen koestert, is hij zich ervan bewust: Mijn geest koestert een verlangen. Als zijn geest geen verlangen koestert, is hij zich ervan bewust: Mijn geest koestert geen verlangen. Als zijn geest haatgevoelens koestert, is hij zich ervan bewust: Mijn geest koestert haatgevoelens. Als zijn geest geen haatgevoelens koestert, is hij zich ervan bewust: Mijn geest koestert geen haatgevoelens. Als zijn geest in een staat van onwetendheid verkeert, is hij zich ervan bewust: Mijn geest verkeert in een staat van onwetendheid. Als zijn geest niet in een staat van onwetendheid verkeert, is hij zich ervan bewust: Mijn geest verkeert niet in een staat van onwetendheid. Als zijn geest gespannen is, is hij zich ervan bewust: Mijn geest is gespannen. Als zijn geest niet gespannen is, is hij zich ervan bewust: Mijn geest is niet gespannen. Als zijn geest afwezig is, is hij zich ervan bewust: Mijn geest is afwezig. Als zijn geest niet afwezig is, is hij zich ervan bewust: Mijn geest is niet afwezig. Als zijn geest ruim is, is hij zich ervan bewust: Mijn geest is ruim. Als zijn geest eng is, is hij zich ervan bewust: Mijn geest is eng. Als zijn geest kalm is, is hij zich ervan bewust: Mijn geest is kalm. Als zijn geest niet kalm is, is hij zich ervan bewust: Mijn geest is niet kalm.

Als zijn geest vrij is, is hij zich ervan bewust: Mijn geest is vrij. Als zijn geest niet vrij is, is hij zich ervan bewust: Mijn geest is niet vrij.'

'Monniken, hoe slaat de beoefenaar zonder ophouden de vier edele waarheden gade?
'Als er lijden opwelt, is hij zich ervan bewust: Dit is lijden. Als de oorzaak van het lijden opwelt, is hij zich ervan bewust: Dit is de oorzaak van het lijden. Als er een eind komt aan het lijden, is hij zich ervan bewust: Dit is het eind van het lijden. Als het pad dat een eind maakt aan het lijden zich vertoont, is hij zich ervan bewust: Dit is het pad dat een eind maakt aan het lijden.

'Monniken, wie zeven jaar lang de vier grondslagen van opmerkzaamheid beoefent, mag erop rekenen dat dit twee vruchten afwerpt - het hoogste inzicht in dit leven of, als er nog iets van aanvechting rest, de vrucht van geen-terugkeer.
'Maar, monniken, je hoeft de vier

grondslagen van opmerkzaamheid niet
eens zeven jaar te beoefenen. Wie de vier
grondslagen van opmerkzaamheid zes,
vijf, vier, drie, twee, één jaar of slechts
één maand beoefent mag er ook op rekenen dat dit twee vruchten afwerpt - het
hoogste inzicht in dit leven of de vrucht
van geen-terugkeer.

'Maar, monniken, je hoeft de vier
grondslagen van opmerkzaamheid niet
eens één maand te beoefenen. Wie de
vier grondslagen van opmerkzaamheid
slechts één week beoefent, mag er ook op
rekenen dat dit twee vruchten afwerpt -
het hoogste inzicht in dit leven of de
vrucht van geen-terugkeer.'

Toen de monniken de leer van de
Boeddha hoorden, waren ze opgetogen.
Ze namen haar ter harte en brachten
haar in praktijk.

(vrij naar de Satipatthana-sutta, in de
vertaling van Thich Nhat Hanh en
Annabel Laity)

Al is hij nog zo jong,
De zoeker die de weg betreedt,
Laat zijn heldere licht over de wereld
schijnen.

Maar dag en nacht
Straalt de man die is ontwaakt
In de luister van de geest.

Mediteer.
Leid een zuiver leven.
Wees verstild.
Doe je werk vakkundig.
Kom evenals de maan
Te voorschijn van achter de wolken.
Schijn.

(uit de Dhammapada, in de vertaling van
Thomas Byrom)

Train jezelf zo, Bahiya. Laat in wat je ziet slechts het geziene, in wat je hoort slechts het gehoorde, in wat je voelt slechts het gevoelde, in wat je je voorstelt slechts het voorgestelde zijn. Zo is er geen 'daardoor'. Train jezelf zo. Als voor jou wat je ziet slechts het geziene, wat je hoort slechts het gehoorde, wat je je voorstelt slechts het voorgestelde, wat je weet slechts het gekende is, is er geen 'daardoor' en geen 'daarin'. Zonder 'daarin' is er ook geen 'hier', 'erbovenuit' of 'ertussenin'. Dat is het eind van alle lijden.

(vrij naar de Udana, in de vertaling van F.L. Woodward)

De soetra over het je volledig bewust zijn van de ademhaling

Toen de dag van de volle maan aanbrak, liet de Boeddha, in de open lucht gezeten, zijn blik over de verzamelde schare gaan en zei:

'Voor jullie, die de weg volgen, werpt de methode van het je volledig bewust zijn van de ademhaling, mits ontwikkeld en voortdurend beoefend, grote vruchten af en levert vele voordelen op. Ze leidt tot succes bij het beoefenen van de zeven aspecten van het ontwaken. Als je deze ontwikkelt en voortdurend beoefent, vloeit hieruit inzicht en bevrijding van de geest voort.

'Hoe ontwikkel en beoefen je voortdurend de methode van het je volledig bewust zijn van de ademhaling, zodat de beoefening vruchten afwerpt en groot voordeel oplevert?

'Aldus. Je begeeft je naar het woud, gaat aan de voet van een boom zitten of trekt naar een verlaten oord. Je gaat volkomen rechtop goed in de lotushouding zitten. Je ademt in en weet dat je inademt, je ademt uit en weet dat je uitademt.

'Je ademt diep in en weet: Ik adem diep in. Je ademt uit en weet: Ik adem diep uit.

'Je ademt niet diep in en weet: Ik adem niet diep in. Je ademt niet diep uit en weet: Ik adem niet diep uit.

'Ik adem in en ben me bewust van mijn hele lichaam. Ik adem uit en ben me bewust van mijn hele lichaam. Zo oefen je.

'Ik adem in en breng zo mijn hele lichaam tot rust. Ik adem uit en breng zo mijn hele lichaam tot rust. Zo oefen je.

'Ik adem in en voel me blij. Ik adem uit en voel me blij. Zo oefen je.

'Ik adem in en voel me gelukkig. Ik adem uit en voel me gelukkig. Zo oefen je.

'Ik adem in en ben me bewust van wat er in mijn geest omgaat.
Ik adem uit en ben me bewust van wat er

in mijn geest omgaat. Zo oefen je.

'Ik adem in en breng wat er in mijn geest omgaat tot rust. Ik adem uit en breng wat er in mijn geest omgaat tot rust. Zo oefen je.

'Ik adem in en ben me bewust van mijn geest. Ik adem uit en ben me bewust van mijn geest. Zo oefen je.

'Ik adem in en maak mijn geest gelukkig en sereen. Ik adem uit en maak mijn geest gelukkig en sereen. Zo oefen je.

'Ik adem in en richt mijn geest. Ik adem uit en richt mijn geest. Zo oefen je.

'Ik adem in en bevrijd mijn geest. Ik adem uit en bevrijd mijn geest. Zo oefen je.

'Ik adem in en sla de vergankelijkheid van alle dharma's gade. Ik adem uit en sla de vergankelijkheid van alle dharma's gade. Zo oefen je.

'Ik adem in en sla het vervagen van alle dharma's gade. Ik adem uit en sla het vervagen van alle dharma's gade. Zo oefen je.

'Ik adem in en bespiegel bevrijding. Ik

adem uit en bespiegel bevrijding. Zo
oefen je.

'Ik adem in en bespiegel loslaten. Ik
adem uit en bespiegel loslaten. Zo oefen
je.

'Het je volledig bewust zijn van de
ademhaling werpt, mits ontwikkeld en
voortdurend beoefend aan de hand van
deze instructies, vruchten af en strekt tot
groot voordeel.'

(vrij naar The Sutra on Full Awareness
of Breathing, in de vertaling van Thich
Nhat Hanh)

Vrienden, niets is zo star als een ongetemd hart. Een ongetemd hart is werkelijk star.

Vrienden, niets is zo plooibaar als een
getemd hart. Een getemd hart is werkelijk plooibaar.

Vrienden, niets brengt zoveel verlies
teweeg als een ongetemd hart. Een ongetemd hart brengt werkelijk verlies
teweeg.

Vrienden, niets brengt zoveel groei
teweeg als een getemd hart. Een getemd
hart brengt werkelijk groei teweeg.

Vrienden, niets brengt zoveel lijden
teweeg als een ongetemd, onbeheerst,
onbewaakt en ongebreideld hart. Dat
hart brengt lijden teweeg.

Vrienden, niets brengt zoveel vreugde
teweeg als een getemd, beheerst, bewaakt
en gebreideld hart. Dat hart brengt
vreugde teweeg.

(uit de Anguttara Nikaya, in de vertaling
van Gil Fronsdal)

De gelijkenis van de luit

Op een keer verbleef de Gezegende op de Gierenpiek in de buurt van Rajagaha. In die tijd leefde de eerbiedwaardige Sona alleen in afzondering in het Koele Woud, toen de volgende gedachte bij hem opkwam.

'Hoewel ik een van de energieke leerlingen van de Gezegende ben, heeft mijn geest de vrijheid niet gevonden.'

De Gezegende ving die gedachte van de eerbiedwaardige Sona op, verliet de Gierenpiek en verscheen in een oogwenk - zo snel als een sterk man zijn gebogen arm strekt of zijn gestrekte arm buigt - aan de eerbiedwaardige Sona in het Koele Woud. Hij zei tegen hem:

'Sona, kwam daarstraks deze gedachte niet bij je op: Hoewel ik een van de energieke leerlingen van de Gezegende ben, heeft mijn geest de vrijheid niet gevonden?'

'Ja, heer.'

'Zeg me eens, Sona, bespeelde jij vroeger niet vaardig de snaren van de luit?'

'Ja, heer.'

'En vertel me eens, Sona, als de snaren van je luit te strak gespannen waren, was ze dan op toon en gemakkelijk te bespelen?'

'Bepaald niet, heer.'

'En als de snaren van je luit te los gespannen waren, was ze dan op toon en gemakkelijk te bespelen?'

'Bepaald niet, heer.'

'Maar als de snaren van je luit niet te strak en niet te los, maar precies goed gespannen waren, Sona, had ze dan geen prachtige klank en was ze niet gemakkelijk te bespelen?'

'Zeker, heer.'

'Op precies dezelfde manier, Sona, leidt te sterke energie tot rusteloosheid en te slappe energie tot vermoeidheid. Daarom, Sona, moet je je energie in evenwicht houden, je spirituele vermogens uitbalanceren en zo je aandacht richten.'

'Ja, heer,' antwoordde de eerbiedwaardige Sona.

Daarna hield de eerbiedwaardige Sona zijn energie in evenwicht, balanceerde zijn spirituele vermogens uit en richtte zo zijn aandacht. En toen verwezenlijkte de eerbiedwaardige Sona, die nijver, vurig en vastberaden alleen in afzondering leefde, via zijn eigen directe kennis ter plekke het ongeëvenaarde doel van het heilige leven.

(vrij naar de Anguttara Nikaya, in de vertaling van Nyanaponika Thera)

Zoals in het hart van de oceaan geen golven ontstaan - alles is daar stil - moet de
beoefenaar stil en bewegingloos zijn en
nergens rijzen.

(uit de Sutta-nipata, in de vertaling van
Dines Anderson en Helmer Smith)

'Een monnik, begiftigd met dit edele aggregaat van morele discipline, deze edele terughoudendheid voor wat betreft de zintuigen, deze edele opmerkzaamheid, dit heldere inzicht en deze edele tevredenheid, trekt zich op een afgezonderde plek terug, gaat zitten, kruist zijn benen, zit rechtop en verzinkt in opmerkzaamheid.

'Hij geeft de hebzucht van de wereld op, zijn geest is vrij van hebzucht, hij zuivert zijn geest van hebzucht. Hij geeft haatdragendheid en haat op, staat welwillend en sympathiek tegenover al wat leeft, hij zuivert zijn geest van haatdragendheid en haat. Hij geeft dufheid en slaperigheid op en neemt, opmerkzaam en helder, licht waar, hij zuivert zijn geest van dufheid en slaperigheid. Hij geeft rusteloosheid en bezorgdheid op en vertoeft met het grootste gemak en een serene geest in zichzelf, hij zuivert zijn geest van rusteloosheid en bezorgdheid. Hij geeft de twijfel op en is, aan de twijfel voorbij, niet in de war over heilzame staten, hij zuivert zijn geest van twijfel.

'Stel, iemand wordt ziek, aangetast, ernstig ziek, zijn eten smaakt hem niet, zijn kracht neemt af. Na een tijdje herstelt hij, hij geniet weer van zijn eten en herkrijgt zijn lichamelijke kracht. Hij staat hierbij stil, wordt blij en is verheugd.

'Stel, iemand is een slaaf, afhankelijk, onderworpen aan anderen, niet vrij om te gaan en te staan waar hij wil. Na een tijdje wordt hij uit de slavernij bevrijd en verwerft hij zijn onafhankelijkheid, hij is niet langer onderworpen aan anderen en kan als vrij man gaan en staan waar hij wil. Hij staat hierbij stil, wordt blij en is verheugd.

'Stel, een aanzienlijk, rijk man trekt door de woestijn, waar maar weinig te eten is en vele gevaren loeren. Na een tijdje is hij de woestijn overgestoken en komt hij bij een dorpje, waar hij veilig is en hem geen gevaren meer dreigen. Hij staat hierbij stil, wordt blij en is verheugd.

'Als hij ziet dat hij deze vijf belemmeringen heeft overwonnen, beschouwt hij dat als vrij zijn van schuld, goede gezondheid, verlossing uit de kerker, vrijheid van slavernij en een veilige haven.'

(uit de Digha Nikaya, in de vertaling van Bhikkhu Bodhi)

Nonnenliederen

Vrije vrouw,
wees vrij,
zoals de maan verlost wordt
uit de zonsverduistering.

Geniet met een vrije geest
- bij niemand in de schuld -
van wat je is gegeven.

Ontdoe je van de neiging
jezelf als hoger of lager dan of gelijk
aan anderen te beschouwen.
Een integere non
die zichzelf in de hand heeft
vindt de vrede die voedt
en nimmer walging veroorzaakt.

Wees vol van alle goeds
als de maan op de vijftiende dag.
Rijt volkomen, volmaakt vervuld
van wijsheid,
de massieve duisternis open.

Ik ben een non, getraind en beheerst,
ik ben verankerd in opmerkzaamheid
en heb als een pijl de vrede betreden.
De elementen waaruit lichaam en geest
zijn samengesteld
zijn verstild,
het geluk is gekomen.

Gehecht zijn aan genot is allerwegen vernietigd,
het grote duister is uiteengereten,
en, dood,
ook jij bent vernietigd.

(uit de Therigatha, in de vertaling van
Susan Murcott)

Geen vuur als dat van de hebzucht,
Geen misdaad als haat,
Geen verdriet als gescheidenheid,
Geen verdriet als de honger des harten
En geen vreugde als die der vrijheid.

Gezondheid, tevredenheid en vertrou-
wen
Zijn je grootste bezit
En vrijheid is je grootste vreugde.

Kijk naar binnen.
Verstil.
Ken, vrij van angst en gehechtheid,
De zoete vreugde van het leven op de
weg.

(vrij naar de Dhammapada, in de
vertaling van Thomas Byrom)

Op een bepaald moment verbleef de Verhevene in de stad Sedaka in het land Soembha. Daar sprak hij de monniken als volgt toe.

'Een acrobaat stelde zijn bamboepaal op en riep zijn leerling, Medakathalika: 'Mijn jongen, klim in de paal en kom op mijn schouders staan.'

"'Goed, meester," zei de leerling tegen de acrobaat. Hij klom in de paal en ging op de schouders van zijn meester staan. Toen zei de acrobaat: "Medakathalika, mijn jongen, jij past op mij en ik pas op jou. Beschermd en bewaakt door elkaar vertonen wij onze kunsten, verdienen goed geld en komen veilig uit de bamboepaal naar beneden."

'Hierop zei Medakathalika tegen de acrobaat: "Nee, dat zou niet goed gaan, meester! U past op uzelf en ik pas op mijzelf. Zo, terwijl elk van ons zichzelf beschermt en bewaakt, vertonen wij onze kunsten, verdienen goed geld en komen veilig uit de bamboepaal naar beneden."

'Dat is de juiste manier,' zei de

Verhevene. 'Zoals de leerling Medakathalika tegen zijn meester zei: "Ik pas
op mijzelf en u past op uzelf", zo, monniken, moet je de grondslag van opmerkzaamheid beoefenen. Wie zichzelf beschermt, beschermt anderen, wie anderen beschermt, beschermt zichzelf.

'En hoe bescherm je door jezelf te
beschermen anderen? Door veelvuldig te
oefenen, je te ontwikkelen en de grondslagen van opmerkzaamheid in ere te
houden. Zo bescherm je door jezelf te
beschermen anderen.

'En hoe bescherm je door anderen te
beschermen jezelf? Door geen geweld te
gebruiken en verdraagzaamheid, liefdevolle vriendelijkheid en mededogen te
betrachten. Zo bescherm je door anderen
te beschermen jezelf.

'Ik pas op mezelf." Met die intentie,
monniken, beoefen je de grondslagen
van opmerkzaamheid. Door jezelf te be-

schermen, bescherm je anderen, door anderen te beschermen, bescherm je jezelf.'

(Vrij naar de Samyutta Nikaya, in de vertaling van John Ireland)

De gelijkenis van het vlot

'Monniken, ik vertel jullie de gelijkenis van het vlot, waarmee je moet oversteken en dat je niet moet behouden. Het is als een man die op reis is en onderweg voor een brede rivier komt te staan - de ene oever is vol gevaren en angsten, en de overkant is veilig en zonder angsten. Er is echter geen boot waarmee hij kan oversteken, geen brug. De gedachte komt bij hem op dat hij, om aan de gevaren van deze oever te ontsnappen en over te steken naar de veilige oever aan de overkant, een vlot moet bouwen uit stokken en takken en daarop moet oversteken naar de veiligheid. Als hij dat heeft gedaan, komt de gedachte bij hem op dat het vlot hem van groot nut is geweest en vraagt hij zich af of hij het op zijn hoofd of zijn schouders moet meenemen. Wat vinden jullie, monniken? Doet de man met dat vlot wat ermee moet gebeuren?'

'Nee, heer.'

'Wat moet die man dan wel doen,

monniken? Als hij naar de overkant is overgestoken moet hij het vlot achterlaten en verder trekken. Wie dat doet, doet met het vlot wat ermee moet gebeuren. Zo heb ik jullie de Dharma onderwezen, als de gelijkenis van het vlot waarmee je moet oversteken en dat je niet moet behouden. Als jullie, monniken, de gelijkenis van het vlot begrijpen, hecht je dan niet aan de juiste en al helemaal niet aan de foute geesteshouding.'

(vrij naar de Majjhima Nikaya, in de vertaling van Christmas Humphreys)

Het dilemma van de Kalama's

Toen de Boeddha eens met een grote schare monniken op pad was, kwam hij bij Kesaputta, een stad in het land van de Kalama's.

De Kalama's van Kesaputta dachten: Het is geweldig dat er een ontwaakte naar ons toe is gekomen. En dus begaven ze zich naar de plek waar de Boeddha zich bevond. Ze gingen opzij van hem zitten en zeiden:

'Heer, er komen talloze leermeesters naar Kesaputta. Ze verklaren hun eigen leerstellingen en lichten deze toe, maar ze geven af op die van anderen, maken ze belachelijk, wijzen ze van de hand en ontkrachten ze. Dat maakt ons onzeker, heer, en we hebben onze twijfels over hen. Wie van deze eerbiedwaardige leermeesters spreekt de waarheid, wie onwaarheid?'

'Kalama's, het is goed om onzeker te zijn, goed om te twijfelen. Bij onzekerheid ontstaat uiteraard twijfel. Kalama's,

beslis niet op grond van wat je hoort,
volg niet de gangbare opvatting, neem
niet aan dat iets zo is en niet anders, ver-
trouw niet op geschriften, redeneer niet,
volg niet het pad van de logica, denk niet
na over verklaringen, leg je niet neer bij
het standpunt dat je voorkeur heeft
omdat het waarschijnlijk lijkt en zeker
niet uit respect voor de leermeester.

'Kalama's, als je uit eigen ervaring
weet dat iets ongezond is en dat dit, als je
het doet, tot kwaad en lijden leidt, ver-
werp het dan.

'Wat vinden jullie, Kalama's? Als hebzucht, haat of bedrog in de mensen
opwellen, is dat hun dan tot welzijn of
berokkent het hun schade?'

'Het berokkent hun schade, heer.'

'En als ze hebzuchtig, haatdragend en
bedrieglijk zijn geworden, Kalama's, is
het dan niet zo dat ze dan levende wezens
doden, nemen wat hun niet wordt gegeven, naar andermans vrouw gaan,
onwaarheid spreken en anderen verleiden tot dat wat hun langdurig schade

berokkent en bijdraagt tot hun lijden?'

'Dat is waar, heer.'

'En wat vinden jullie, Kalama's? Is dat gezond of ongezond?'

'Dat is ongezond, heer.'

'En als je dat doet en onderneemt, leidt dat dan tot kwaad en lijden of niet?'

'We moeten toegeven dat het dat doet, heer.'

'Maar als je uit eigen ervaring weet dat iets gezond is, dat dit, als je het doet en onderneemt, leidt tot welzijn en geluk, houd je daar dan aan, Kalama's, en blijf erbij.

'Wat vinden jullie, Kalama's? Als niet-hebzucht, niet-haat en niet-bedrog in de mensen opwellen, berokkent dat hun dan schade of draagt het bij tot hun welzijn?'

'Tot hun welzijn, heer.'

'En als ze niet hebzuchtig, haatdragend en bedrieglijk worden, als hun geest niet wordt verteerd door hebzucht, haat of bedrog, Kalama's, is het dan niet zo dat ze geen levende wezens doden, niet nemen wat hun niet wordt gegeven, niet naar andermans vrouw gaan, geen onwaarheid spreken en dat ze anderen overhalen te ondernemen wat langdurig bijdraagt tot hun welzijn en geluk?'

'Dat is waar, heer.'

'En wat vinden jullie, Kalama's? Is dat gezond of ongezond?'

'Dat is gezond, heer.'

'En als je dat doet en onderneemt, leidt dat dan tot welzijn en geluk of niet?'

'We moeten toegeven, heer, dat dit tot welzijn en geluk leidt.'

'Wie het edele pad volgt, Kalama's, is aldus bevrijd van verlangen, hij wordt niet beheerst door het kwaad en kent geen verwarring. Helder, bewust en opmerkzaam heeft hij of zij, na de eerste richting te zijn ingeslagen, daarna de tweede, vervolgens de derde en ten slotte de vierde - en zo boven, beneden en diagonaalsgewijs, overal en allerwegen - een geest, toegewijd aan liefdevolle vriendelijkheid, mededogen, welwillendheid en gelijkmoedigheid, die overvloedig, uitgebreid, onmetelijk, vriendelijk en vrij van kwaad is.

'Zo, Kalama's, is de geest van wie de edele weg volgt, wiens geest op die manier vriendelijk is en vrij van kwaad, niet bezoedeld, maar gezuiverd.'

(vrij naar de Dhammapada, in de vertaling van Andy Olendzki)

De Boeddha zei: 'Wees niet boos als buitenstaanders mij, de leer of de orde aanvallen, dat staat je eigen zelfoverwinning in de weg. Zo ook als ze ons prijzen. Zoek daarentegen uit wat waar of onwaar is en geef dat toe. Zelfs als een niet-bekeerde mij prijst, is het van weinig waarde dat hij of zij iets over mij zegt.'

(uit de Digha Nikaya, in de vertaling van C.A.F. Rhys-Davids)

Wie op het punt staat een ander te berispen, moet, alvorens dat te doen, in zichzelf vijf kwaliteiten verwezenlijken [opdat hij kan zeggen]:

'Ik spreek op het juiste, niet op het verkeerde moment. Ik spreek de waarheid, geen onwaarheid. Ik spreek vriendelijk, niet hardvochtig. Ik spreek tot zijn voordeel, niet tot zijn nadeel. Ik spreek met vriendelijke bedoelingen, niet uit woede.'

(uit de Vinaya Pitaka, in de vertaling van F.S. Woodward)

De juiste spraak

Je onthouden van liegen

Vermijd liegen en onthoud je ervan. Spreek de waarheid, wees de waarheid toegedaan, wees betrouwbaar, vertrouwen waardig, bedrieg de mensen niet. Als je op een vergadering, onder de mensen, temidden van je verwanten, in de maatschappij of aan het hof van de koning, verzocht wordt te zeggen wat je weet, antwoord dan als je niets weet: 'Ik weet niets' en als je het wel weet: 'Ik weet het wel', als je niets gezien hebt: 'Ik heb niets gezien' en als je wel iets gezien hebt: 'Ik heb wel iets gezien.' Zo spreek je nooit willens en wetens onwaarheid ten eigen bate, omwille van het voordeel van anderen of omwille van welk voordeel ook.

Je onthouden van geroddel

Vermijd geroddel en onthoud je ervan. Herhaal wat je hier gehoord hebt niet

daar om daar onenigheid te zaaien en
herhaal wat je daar gehoord hebt niet
hier om hier onenigheid te zaaien. Zo
verenig je wie verdeeld zijn. Moedig hen
die het eens zijn aan. Overeenstemming
verblijdt, je bent opgetogen en verheugd
over overeenstemming. En je verbreidt
overeenstemming door wat je zegt.

Je onthouden van harde woorden

Vermijd harde woorden en onthoud je
ervan. Spreek vriendelijke woorden, die
het oor strelen, liefdevolle woorden,
woorden die naar het hart gaan en hoffe-
lijk, vriendelijk en aangenaam zijn voor
velen.

Je onthouden van ijdele praat

Vermijd ijdele praat en onthoud je ervan.
Spreek op het juiste moment, in overeenstemming met de feiten, zeg nuttige dingen, spreek over de wet en discipline. Je

spraak is als een schat, die op het juiste moment wordt geuit en van argumenten vergezeld gaat, bescheiden en zinvol.

Dit heet de juiste spraak.

(vrij naar de Anguttara Nikaya, in de vertaling van Nyanatiloka)

'Monniken, de middelen die je aanwendt om religieuze verdienste te verwerven zijn nog niet het zestiende deel waard van liefdevolle vriendelijkheid. Liefdevolle vriendelijkheid - de vrijheid van het hart - absorbeert ze allen. Ze gloeit, ze straalt, ze schittert.

'Monniken, zoals het licht van alle sterren nog niet het zestiende deel waard is van het maanlicht - de maan absorbeert ze alle, ze gloeit, ze straalt, ze schittert - zo zijn de middelen die je aanwendt om religieuze verdienste te verwerven nog niet het zestiende deel waard van liefdevolle vriendelijkheid. Liefdevolle vriendelijkheid - de vrijheid van het hart - absorbeert ze alle. Ze gloeit, ze straalt, ze schittert.

'Monniken, zoals de zon aan het eind van het regenseizoen opstijgt in de heldere, onbewolkte lucht en alle duisternis verdrijft - hij gloeit, hij straalt, hij schittert - en zoals de morgenster aan het eind van de nacht gloeit en straalt en schittert, zo zijn de middelen die je aanwendt

om religieuze verdienste te verwerven
nog niet het zestiende deel waard van
liefdevolle vriendelijkheid. Liefdevolle
vriendelijkheid - de vrijheid van het hart
- absorbeert ze alle. Ze gloeit, ze straalt, ze
schittert.'

(vrij naar de Itivuttaka, in de vertaling
van Justin H. Moore)

Een man begraaft een schat in een diepe kuil met de gedachte: Die kan me van pas komen in tijd van nood, als ik in ongenade val bij de koning, als ik word beroofd, als ik schulden krijg, als het voedsel schaars is of als het ongeluk me treft.

Die schat hoeft de bezitter echter helemaal niet van pas te komen, het kan immers best zijn dat hij vergeet waar hij hem begraven heeft, dat de dwergen hem stelen, dat zijn vijanden, ja, zelfs zijn bloedverwanten, hem, als hij niet oppast, ontvreemden.

Mannen en vrouwen kunnen echter door middel van liefdadigheid, goedheid, terughoudendheid en zelfbeheersing een goedverborgen schat opslaan, een schat die je niet aan anderen kunt geven en die niet door rovers gestolen kan worden. Wie wijs is doet goed, dat is de schat die je niet verlaat.

(vrij naar de Khuddhaka Patha, in de vertaling van A.L. Basham)

De vijf voorschriften

1. Om me te oefenen zweer ik dat ik
   geen leven zal nemen.
2. Om me te oefenen zweer ik dat ik niet
   zal nemen wat me niet wordt gegeven.
3. Om me te oefenen zweer ik dat ik me
   in seksueel opzicht niet zal misdragen.
4. Om me te oefenen zweer ik dat ik
   geen onwaarheid zal spreken.
5. Om me te oefenen zweer ik dat ik
   geen genotmiddelen zal gebruiken die
   leiden tot zorgeloosheid.

Deze vijf voorschriften zijn een voertuig van geluk, fortuin en bevrijding. Moge onze deugdzaamheid aldus gezuiverd worden en stralen.

(in de vertaling van Gil Fronsdal)

Zolang zij die de weg volgen regelmatig
en dikwijls bij elkaar komen, mogen ze
verwachten dat ze bloeien en niet in verval raken. Zolang ze elkaar in harmonie
ontmoeten en in harmonie uiteengaan,
mogen ze verwachten dat ze bloeien en
niet in verval raken. Zolang ze niet vast-
leggen wat al niet vastgelegd is en niet
verwerpen wat al vastgelegd is, maar
voortgaan langs de lijnen van wat door
de regels van de opleiding wordt voorge-
schreven; zolang ze de eerbiedwaardige
ouderen die al heel lang gewijd zijn, de
vaders en leiders van de orde, eren, eer-
bied betonen, eerbiedigen en groeten;
zolang ze niet ten prooi vallen aan opwel-
lende verlangens die tot wedergeboorte
leiden; zolang ze hun verblijfplaats in het
woud toegewijd zijn; zolang ze hun per-
soonlijke opmerkzaamheid behoeden,
zodat in de toekomst de goeden onder
hun metgezellen tot hen komen en degenen die er al zijn zich bij hen op hun
gemak voelen; zolang zij die de weg volgen zich aan deze zeven dingen houden

en daar ook blijk van geven, zolang
mogen ze verwachten dat ze bloeien en
niet in verval raken.

(uit de Mahaparinibbana Sutta, in de
vertaling van Maurice Walshe)

Ik hoorde deze woorden van de Boeddha
toen hij op een keer verbleef in het
klooster in het Jeta-park in de stad
Sravasti. Hij riep de monniken bij zich
en zei: 'Monniken!'

En de monniken antwoordden: 'Hier
zijn wij.'

De Gezegende zei: 'Ik zal jullie leren
wat er bedoeld wordt met "de beste
manier om alleen te leven". Ik schets
eerst de grote lijn en geef jullie vervolgens gedetailleerde instructies. Monniken, luister goed.'

'Gezegende, wij luisteren.'

De Boeddha sprak:

'Loop niet achter het verleden aan,
Verlies je niet in de toekomst.
Het verleden is voorbij,
De toekomst nog niet aangebroken.
De beoefenaar slaat het leven zoals het
is
in het hier en nu zorgvuldig gade
en blijft zo evenwichtig en vrij.
We moeten vandaag nijver zijn,

als we wachten tot morgen is het
te laat.
De dood komt onverwacht.
Hoe kunnen we met hem marchande-
ren?
Wie weet hoe je dag en nacht
opmerkzaam kunt zijn,
wordt door de wijze
"hij die de beste manier kent
om alleen te leven" genoemd. '

(vrij naar de Baddhekaratta Sutta, in de
vertaling van Thich Nhat Hanh)

'Dit verklaar ik na nauwkeurig onderzoek dat er in de bestaande leerstelligheid niets is dat ik zou willen beamen. Toen ik op zoek naar de waarheid keek naar de ellende vanuit filosofische standpunten - zonder een ervan te aanvaarden - zag ik "sereniteit".

'Je kunt niet op grond van of bij ontstentenis van een filosofisch standpunt, traditie, kennis, deugd en goede werken zeggen dat zuiverheid bestaat. Verlang als je deze dingen hebt verzaakt, zonder iets anders aan te nemen, kalm en onafhankelijk niet naar een rustplaats.

'Wie zichzelf aan anderen gelijk, of beter of minder acht, gaat om die reden twistgesprekken aan, maar voor wie onder die drie omstandigheden onbewogen blijft, bestaan noties als "gelijk" en "beter" niet.

'De wijze voor wie de noties "gelijk" en "ongelijk" niet bestaan, zegt: "Is dit zo?" Met wie zou hij moeten redetwisten en zeggen: "Dit is niet zo"?

'Een onderlegd iemand wordt op

grond van een filosofisch standpunt of
door na te denken niet arrogant, zo is hij
niet; hij laat zich niet leiden door goede
werken of traditie, hij laat zich niet leiden naar de rustplaatsen van de geest.

'Wie vrij is van standpunten kent
geen banden, wie bevrijd is door inzicht
kent geen dwaasheden, maar wie zijn toevlucht neemt tot meningen en filosofische standpunten loopt in de wereld rond
en irriteert anderen.'

(vrij naar de Sutta-nipata, in de vertaling
van V. Fausböll)

Vorm je in de wereld geen standpunt op grond van kennis, deugdzaamheid of het in acht nemen van godsdienstige voorschriften; vermijd eveneens jezelf te zien als beter of minder dan of gelijk aan anderen.

De wijze laat het 'zelf' los en verlaat zich, onthecht als hij is, niet op kennis. Hij redetwist ook niet over standpunten en houdt er geen meningen op na.

Wie niet verlangt naar de extremen van worden en niet-worden, hier of in een ander bestaan, legt zich niet neer bij de standpunten van anderen.

Hij vormt ook niet de minste notie met betrekking tot geziene, gehoorde of bedachte standpunten. Hoe kun je de wijzen beïnvloeden die er geen standpunt op na houden?

(uit de Sutta-nipata, in de vertaling van Gil Fronsdal)

'Je kunt de gevolgen van karma niet kennen door erover na te denken en moet er dus ook niet over speculeren. Doe je dat wel, dan laat je je afleiden en verval je tot wanhoop.

'Vorm je dus geen oordeel over de mensen, Ananda, neem geen veronderstellingen aan. Je wordt vernietigd door je een oordeel over anderen te vormen.'

(uit de Anguttara Nikaya, in de vertaling van F.L. Woodward en E.M. Hare)

Wij bereizen de hele wereld met onze
gedachten
En vinden nergens iemand zo kostbaar
als wijzelf.
Laat, daar een ieder zichzelf zo kostbaar
acht,
Wie zichzelf respecteert
Geen enkel wezen kwetsen.

(uit de Samyutta Nikaya, in de vertaling
van Gil Fronsdal)

Wees dus jezelf tot lamp, Ananda, zoek toevlucht bij jezelf. Zoek geen toevlucht buiten jezelf. Neem de waarheid tot lamp. Zoek je toevlucht bij de waarheid. Zoek geen toevlucht bij iemand anders. Wie nu of na mijn dood zichzelf tot lamp is, geen toevlucht zoekt buiten zichzelf, maar de waarheid tot lamp neemt, zijn toevlucht zoekt bij de waarheid en geen toevlucht zoekt buiten zichzelf, bereikt het hoogste doel. Maar hij moet bereid zijn te leren.

(uit de Mahaparinibbana Sutta, in de vertaling van T.W. Rhys-Davids)

Toen zei de Boeddha tegen zijn monniken: 'Ga, uit mededogen met de wereld, over de aarde tot zegen van velen, voor het geluk van velen, voor het welzijn, de zegen en het geluk van goden en mensen.'

(uit de Vinaya Pitaka, in de vertaling van Geoffrey Parrinder)

Moge het door de zegeningen, voortgekomen uit mijn beoefening,
alle wezens goed gaan -
mijn eerbiedwaardige leermeesters
en leraren, die me hebben geholpen,
moeder, vader en bloedverwanten,
koning en koningin, wereldse machten,
deugdzame mensen,
de hoogverheven wezens, demonen en
hoge goden, de godheden die de wereld
beschermen, hemelse wezens,
de Vorst des doods, mensen, vriendelijk,
onverschillig en vijandig.
Mogen de vaardige daden door mij verricht
jullie de drievoudige zegen schenken.
Moge dit je snel brengen tot het onvergankelijke.
Moge ik door deze daad van goedheid en
het feit dat ik anderen daarin laat delen
eveneens het wegvallen van hunkering
en gehechtheid bereiken.
Mogen de fouten die ik bezit tot ik de
vrijheid bereik snel teloorgaan.
Mogen er, waar ik ook word geboren, een

oprechte geest, opmerkzaamheid en wijsheid, gestrengheid en kracht heersen.
Mogen mijn inspanningen niet afgezwakt
worden door schadelijke invloeden.
De Boeddha is de onovertroffen bescher-
mer, de Dharma de hoogste bescherming.
Ongeëvenaard is de 'Stille Boeddha', de
Sangha mijn ware toevlucht.
Moge ik door de kracht van deze hoog-
verhevenen uitstijgen boven alle onwetendheid.

(uit Reflections on Sharing Blessings, in
de vertaling van de bewoners van het
Amaravati Buddhist Center)

Zoals een blinde zich voelt als hij een
parel vindt in een vuilnisvat, sta ik ver-
baasd over het wonder van het opwellen
van ontwaken in mijn bewustzijn. Het is
de nectar der onsterfelijkheid die ons
bevrijdt van de dood, de schat die ons
uitheft boven de armoede tit de rijkdom
die geeft aan het leven, de boom die ons
schaduw geeft als we verschroeid door
het leven gaan, de brug die ons leidt over
de woelige rivier van het leven, de koele
maan van het mededogen die onze geest
tot rust brengt als hij in beroering is
geraakt, de zon die de duisternis verdrijft,
de boter, uit de melk der vriendelijkheid
vervaardigd door haar te karnen met de
Dharma. Het is een vreugdefeest waar-
voor allen uitgenodigd zijn.

(vrij naar de Bodhicharyavatara van
Shantiveda, bewerkt door Eknath
Easwaran)

Al wat geconditioneerd is, is onbesten-
dig, vergankelijk,
Breekbaar als een niet geharde pot, als
iets dat je hebt geleend,
Of een stad, op zand gebouwd,
Ze zijn slechts kortstondig van aard.

Ze vergaan onvermijdelijk,
Als pleisterkalk die wegspoelt in de
regen,
Als de zanderige oever van een rivier -
Ze berusten op voorwaarden en zijn in
wezen fragiel.

Ze zijn als de vlam van een lamp,
Die even opflakkert en meteen weer
dooft.
Ze zijn evenals de wind of zeeschuim
van voorbijgaande aard, zonder substantie, in wezen zwak.

De wijze kent het begin en het eind
Van het bewustzijn, wat het voortbrengt
en hoe het voorbijgaat -
Hij weet dat het nergens vandaan kwam,

nergens heen gaat
En als een begoocheling niet echt is.

De wijze kent de ware werkelijkheid
En ziet al wat berust op voorwaarden als
hol en krachteloos.

(vrij naar de Lalitavistara, in de vertaling
van A.L. Basham)

De hart-soetra

Mij kwam het volgende ter ore. De Boeddha verbleef met een sangha van honderdduizend monniken en nonnen en zeventigduizend bodhisattva's in de nabijheid van de Gierenpiek.

Bodhisattva Avalokitesvara verhief zich van haar zetel in de vergadering, ging naar de Boeddha toe, keek hem aan, legde haar handen tegen elkaar, boog eerbiedig en zei vol respect: 'Ik wil de verzamelde schare het hart der volmaakte wijsheid van de bodhisattva, de universele schoot der wijsheid, uiteenzetten.'

De Boeddha zei: 'Uitstekend, gij, grote meedogende, uitstekend!'

Avalokitesvara verzonk in meditatie en merkte, in volmaakte wijsheid verzonken, dat de vijf aggregaten zelf niets zijn. Uit haar meditatie komend, zei ze:

'Vorm is leegte, leegte vorm. Vorm verschilt niet van leegte, leegte niet van vorm. Wat vorm is, is leegte, wat leegte is, vorm. Zo is het ook met gevoelens,

voorstellingen, denkbeelden en bewustzijn. Bewustzijn is leegte, leegte bewustzijn. Bewustzijn verschilt niet van leegte,
leegte niet van bewustzijn. Wat bewustzijn is, is leegte, wat leegte is, bewustzijn.

'Deze dharma's worden gekenmerkt
door leegte, ze ontstaan noch vergaan, ze
zijn bezoedeld noch zuiver, ze nemen toe
noch af. Daarom kent leegte geen vorm,
geen gevoelens, geen voorstellingen,
geen denkbeelden, geen bewustzijn, geen
oog, geen oor, geen neus, geen smaak,
geen tastzin, geen rijk van ogen, enzovoorts, tot aan geen rijk van verstand-
bewustzijn toe, geen onwetendheid en
geen uitroeien van onwetendheid, enzovoorts, tot aan geen-ouderdom en geen-
dood toe en ook geen uitroeien van
ouderdom en dood, geen lijden, geen
oorsprong van lijden, geen ophouden van
lijden, geen pad, geen wijsheid en ook
niets om te bereiken.

'De bodhisattva's vertrouwen zonder
iets te willen bereiken op volmaakte wijsheid, hun geest wordt nergens door

gehinderd. Als niets je hindert, is er geen
angst. Zij zijn, ver van verwrongen
gedachten, ontwaakt. Alle boeddha's uit
het verleden, het heden en de toekomst
vertrouwen bij het bereiken van hun
onovertroffen, volledig en volmaakt ontwaken op volmaakte wijsheid.

'Weet dus dat volmaakte wijsheid de
grote, de heldere, de onovertroffen, de
ongeëvenaarde mantra is die een eind
maakt aan alle lijden en dat zij waar is en
niet onwaar.

'Verkondig dus de mantra van de volmaakte wijsheid. Verkondig de mantra
die luidt:

"Gate,   gate,   paragate,   parasamgate,
bodhi, svaha!"'

(The Heart Sutra, in de vertaling van Gil
Fronsdal)

Deze drievoudige wereld lijkt op een net
of het zinderende water van een fata
morgana. Zij is als een droom, maya. Wie
haar zo ziet, wordt bevrijd.

De geest raakt als een fata morgana in
de lente verward. Dieren denken dat er
water is, maar het is niet werkelijk.

Er zijn hier enkel denkbeelden, het is
als een luchtspiegeling; als je alles zo
opvat, valt er niets te weten.

Dat geldt ook voor eeuwigheid en
niet-eeuwigheid, eenheid, tweeheid en
niet-tweeheid. Deze worden onderschei-
den door de onwetenden die verward van
geest zijn en sinds mensenheugenis verstrikt zitten in gissingen en vergissingen.

In een spiegel, water, een oog, een vat
en een edelsteen worden beelden gezien,
maar ze zijn niet werkelijk. Nergens houvast.

(vrij naar de Lankavatara Sutra, in de
vertaling van D. Suzuki)

Nadat zij de leer van de Dharma van de grote helden der bodhisattva's had gehoord, manifesteerde een zekere godin, die in dat huis woonde, zich verrukt, verheugd en opgetogen in een materiële vorm en strooide over de grote, spirituele bodhisattva's en grote leerlingen hemelse bloemen uit. De bloemen die op het lichaam van de bodhisattva's terechtkwamen, gleden af naar de grond, maar de bloemen die op het lichaam van de grote leerlingen terechtkwamen, bleven kleven en vielen niet op de grond. De grote leerlingen probeerden de bloemen van zich af te schudden en wendden daartoe zelfs magische krachten aan, maar de bloemen lieten niet los. Daarop zei de godin tegen de eerbiedwaardige Saripoetra: 'Eerbiedwaardige Saripoetra, waarom probeert u deze bloemen af te schudden?'

Saripoetra antwoordde: 'Godin, deze bloemen passen niet bij een religieus mens en dus proberen we ze af te schudden.'

De godin zei: 'Zeg dat niet, eerbied-

waardige Saripoetra. Waarom niet? Deze
bloemen zijn wel degelijk op hun plaats!
En waarom? Dergelijke bloemen kennen
geen denkbeelden en maken geen onderscheid. Maar de eerbiedwaardige Saripoetra houdt er wel denkbeelden op na
en maakt wel onderscheid.

'Eerbiedwaardige Saripoetra, het past
degene die de wereld heeft verzaakt
omwille van de discipline van de op de
juiste wijze verkondigde Dharma niet er
denkbeelden op na te houden en onderscheid te maken en gij, eerbiedwaardige,
zit vol met dergelijke gedachten. Wie
dergelijke gedachten niet heeft, is altijd
gepast.

'Eerbiedwaardige Saripoetra, u ziet dat
deze bloemen niet kleven aan het
lichaam van de grote spirituele helden,
de bodhisattva's. Dat komt doordat ze er
geen denkbeelden op na houden en geen
onderscheid maken.

'Zo hebben boze geesten bijvoorbeeld
macht over bange mensen, maar verstoren ze niet wie geen angst kent. Evenzo

bevindt hij die wordt geïntimideerd door
angst voor de wereld zich in de macht
van vormen, geluiden, geuren, smaken
en texturen, die wie vrij is van angst voor
de hartstochten die inherent zijn aan de
samengestelde wereld, niet verstoren.
Daarom kleven deze bloemen wel aan
het lichaam van hen die hun instincten
en hartstochten niet hebben uitgewist en
niet aan het lichaam van deze bodhisattva's, die alle instincten hebben verzaakt.'

Saripoetra vroeg: 'Godin, hoe komt
het dat u niet uit uw vrouwelijke staat
transformeert?'

De godin antwoordde: 'Hoewel ik
twaalf jaar lang naar mijn "vrouwelijke
staat" heb gezocht, heb ik haar niet
gevonden. Eerbiedwaardige Saripoetra,
als een tovenaar via tovenarij een vrouw
in het leven roept, vraagt u haar dan ook:
"Hoe komt het dat u niet uit uw vrouwelijke staat transformeert?"'

Daarop zei Saripoetra: 'Nee, zo'n
vrouw zou niet echt bestaan, dus wat valt

er dan te transformeren?'

Waarop de godin zei: 'Eerbiedwaardige Saripoetra, zo bestaat niets echt. Denkt u dan: Hoe komt het dat iemand die in wezen een magische incarnatie is niet uit haar vrouwelijke staat transformeert?'

Daarop wendde de godin haar tover-kracht aan, waardoor de eerbiedwaardige Saripoetra verscheen in haar vorm en zij in de zijne. Toen zei de godin, die de vorm van Saripoetra had aangenomen, tegen Saripoetra, die was veranderd in een godin: 'Eerbiedwaardige Saripoetra, hoe komt het dat u uzelf niet uit uw vrouwelijke vorm transformeert?'

En Saripoetra, die in een godin was veranderd, antwoordde: 'Ik verschijn niet langer in de vorm van een man! Mijn lichaam is veranderd in dat van een vrouw! Ik zou niet weten wat er te trans-formeren valt!'

De godin vervolgde: 'Als de eerbied-waardige weer uit de vrouwelijke staat kon veranderen, zouden alle vrouwen dat ook kunnen doen. Alle vrouwen verschijnen op precies dezelfde manier in de vorm van vrouwen als de eerbiedwaardige dat nu doet. Ofschoon ze in werkelijkheid geen vrouwen zijn, verschijnen ze in de vorm van vrouwen. Daarom zei de Boeddha: "In alles is mannelijk noch vrouwelijk.'"

Toen liet de godin haar magische greep los en kregen zij allebei weer hun gewone vorm. Vervolgens zei ze tegen Saripoetra: 'Eerbiedwaardige Saripoetra, wat hebt u met uw vrouwelijke vorm gedaan?'

Saripoetra zei: 'Die heb ik gemaakt noch veranderd.'

Waarop de godin antwoordde: 'Evenzo zijn alle dingen gemaakt noch veranderd. Dat is de leer van de Boeddha.

(uit The Vimalakirti Sutra, in de vertaling van Robert A.F. Thurman)

Zie deze vervluchtigende wereld zo:
Een ster bij het krieken van de dag;
Een luchtbel in een stroom;
Een bliksemschicht in een zomerwolk;
Een flakkerende lamp, een spooksel, een
droom.

(uit de Diamond Sutra, in de vertaling
van A.F. Price)

Verzen over vertrouwen-geest

door Seng-tsan, de derde Zen-patriarch

De grote weg is niet moeilijk
voor wie geen voorkeur aan de dag legt.
Bij ontstentenis van liefde en haat
wordt alles helder, onvermomd.
Maar bij het minste of geringste onderscheid
Staan hemel en aarde oneindig ver uit-
een.
Wil je de waarheid zien,
wees dan nergens voor of tegen.
Wat je prettig vindt stellen tegenover
wat je onprettig vindt
is de ziekte die de geest teistert.
Wie de diepe zin der dingen niet vat,
verstoort nodeloos de essentiële sereniteit van de geest.

De weg is volmaakt als de uitgestrekte
ruimte,
waaraan niets ontbreekt en waarin niets
overbodig is.

Het is aan het feit dat wij kiezen voor
aanvaarden of verwerpen
te wijten dat we de ware aard der dingen
niet zien.
Raak niet verstrikt in uiterlijke zaken
en innerlijke gevoelens van leegte.
Wees sereen in de eenheid der dingen,
dan verdwijnen dergelijke verkeerde
standpunten vanzelf.
Als je poogt een eind te maken aan activiteit om passiviteit te verwerven,
vult dat alleen al je met activiteit.
Zolang je het ene of het andere extreem
aanhangt,
zul je nooit eenheid kennen.

Wie niet leeft in deze eenheid, de weg,
faalt in activiteit en passiviteit,
bevestiging en ontkenning.
Wie de werkelijkheid der dingen ontkent,
mist hun werkelijkheid;
wie de leegte der dingen bevestigt,
mist hun werkelijkheid.
Hoe meer je erover praat en nadenkt,

des te verder dwaal je af van de waarheid.
Houd op met praten en denken,
dan is er niets dat je niet kunt weten.
Wie terugkeert naar de wortel, vindt de
zin,
wie verschijnselen najaagt, mist de bron.
Op het moment dat je innerlijk tot verlichting komt,
stijg je uit boven de wereld der verschijnselen en de leegte.

Wij noemen de veranderingen die ogenschijnlijk optreden
in de lege wereld
werkelijk uit onwetendheid.
Zoek niet naar de waarheid,
houd er enkel geen meningen op na.

Blijf niet verkeren in de staat van
dualiteit,
vermijd het zorgvuldig dat na te jagen.
Als er ook maar een spoortje
van dit of dat, goed of verkeerd rest,
gaat de geest-essentie in verwarring
teloor.
Wees, ook al komt alle dualiteit uit dit
ene voort,
zelfs niet aan dit ene gehecht.

Als de geest onverstoord bestaat in de
weg,
kan niets ter wereld hem grieven
en als iets niet langer grieft,
houdt het op te bestaan op de oude
manier.

Als er geen gedachten opwellen die
onderscheid maken,
houdt de oude geest op te bestaan.
Als datgene waarop het denken zich
richt verdwijnt,
verdwijnt ook degene die denkt,
als de geest verdwijnt, verdwijnen de
dingen ook.
Dingen zijn object vanwege het subject
[geest];
de geest [subject] is geest vanwege de
dingen [object].
Zie de betrekkelijkheid van deze twee
en zie de fundamentele werkelijkheid -
de eenheid der leegte.
In deze leegte zijn de twee niet te onder-
scheiden,
elk bevat in zichzelf de hele wereld.
Wie geen onderscheid maakt tussen grof
en fijn,
laat zich niet verleiden tot vooroordelen
en houdt er geen meningen op na.

Leven in de grote weg
is gemakkelijk noch moeilijk,

maar wie er beperkte standpunten op na
houdt,
is bang en besluiteloos -
hoe meer ze zich haasten, hoe langzamer
ze vorderen,
en je kunt gehechtheid niet beperken:
zelfs je hechten aan het idee dat er iets
als verlichting bestaat
is dwaling.
Laat de dingen zijn zoals ze zijn,
dan is er komen noch gaan.

Gehoorzaam aan de aard der dingen [je
eigen aard],
dan loop je vrij en ongestoord rond.
Als het denken verkeert in slavernij,
verbergt de waarheid zich,
wordt alles duister en onklaar
en brengt het moeizaam beoefenen van
oordelen
ergernis en vermoeidheid teweeg.
Welk voordeel valt er te halen uit onderscheid en scheiding?

Wie zich wil bewegen op de ene weg,
moet zelfs geen hekel hebben aan de
wereld der zintuigen en ideeën.
Ze volkomen accepteren
staat gelijk aan de ware, grote verlichting.
De wijze streeft naar geen-doel,
maar de dwaas kluistert zichzelf.
Er is slechts één Dharma, er zijn er geen
vele;
onderscheid welt op
uit de behoeften van de onwetende die
zich overal aan hechten.

De grote geest zoeken met de kleine [die
onderscheid maakt]
is de grootste aller fouten.

Rust en onrust ontstaan uit hartstocht;
bij verlichting is er geen sprake van prettig en niet prettig.
Alle dualiteit ontstaat op grond van
gevolgtrekkingen die je in je onwetendheid maakt.
Ze zijn als dromen of luchtbloemen -
het is dwaas ze te willen pakken.
Winst en verlies, goed en verkeerd,
dergelijke gedachten moet je uiteindelijk
meteen van je afzetten.

Als het oog nooit slaapt,
komt er vanzelf een eind aan het dromen.
Als de geest geen onderscheid maakt,
zijn de ontelbare dingen zoals ze zijn, van
één enkele essentie.
Wie het geheim van deze ene essentie
begrijpt,
zit nergens meer in verstrikt.

Wie alle dingen ziet als gelijk,
bereikt de tijdloze essentie van het grote
zelf.
In deze staat zonder oorzaken en
verbanden
zijn geen vergelijkingen of analogieën
mogelijk.

Als je beweging ziet als bewegingloos
en bewegingloos als beweging,
verdwijnen beweging en rust.
Als dergelijke dualiteiten ophouden te
bestaan
heeft de eenheid zelf geen mogelijkheid
meer van bestaan.
Geen enkele wet of beschrijving is van
toepassing
Op deze uiteindelijke finaliteit.

Voor de vereende geest die in overeenstemming is met de weg
houdt alle op zichzelf gerichte streven op.
Twijfels en besluiteloosheid verdwijnen
en leven in het ware vertrouwen gaat tot

de mogelijkheden behoren.

Wij bevrijden ons met één enkele streek
uit de slavernij;
niets kleeft ons aan en wij hechten ons
nergens meer aan.
Alles is leeg en helder en verlicht zichzelf
zonder dat er geestkracht wordt
uitgeoefend.
Denken, voelen, kennis en verbeelding
zijn hier van generlei waarde.
In deze wereld van zo-heid
bestaat zelf noch ander-dan-zelf.

Zeg om direct in harmonie te raken met
deze werkelijkheid,
als er twijfel opwelt, eenvoudig:
'Geen twee.'
In dit 'geen twee' is niets afgescheiden,
niets buitengesloten.
Het doet er niet toe waar of wanneer,
verlichting betekent deze waarheid
betreden.
Deze waarheid gaat uitbreiding of
verkleining

in ruimte en tijd te boven.
Eén enkele gedachte is daarin tiendui-
zend jaar.

Leegte hier, leegte daar,
maar het oneindige heelal staat
je altijd voor ogen.
Oneindig groot en oneindig klein,
geen verschil, want definities zijn
verdwenen,
er zijn geen grenzen.
Zo is het ook met zijn en niet-zijn.
Verspil geen tijd aan twijfels en argumenten,
die hierop geen betrekking hebben.

Eén ding, alle dingen:
beweeg je ertussen en meng je erin,
zonder onderscheid te maken.
Leven in dit besef
is geen angst hebben over niet-volmaakt-
heid.
Leven in dit vertrouwen is de weg naar
niet-dualiteit.
Het niet-tweeledige is immers één met de

geest die vertrouwen heeft.

Woorden!
De weg gaat woorden te boven,
want daarin is
      geen gisteren,
      geen morgen,
      geen vandaag.

(in de vertaling van Richard B. Clarke)

Het beoefenen van meditatie
door Zen-meester Dogen

De waarheid is op zich volmaakt en volledig. Ze is niet pas ontdekt, ze heeft altijd bestaan.

De waarheid is niet ver weg, ze is altijd aanwezig. Je kunt haar niet bereiken, want niet een van je stappen leidt bij haar vandaan.

Loop niet achter de ideeën van anderen aan, leer luisteren naar de stem in je binnenste, dan verhelderen je lichaam en geest en besef je dat alles één is.

De minste of geringste beweging van het denken in tweeheid maakt dat je het paleis van meditatie en wijsheid niet kunt betreden.

De Boeddha mediteerde zes jaar, Bodhidharma negen. Mediteren is geen methode om verlichting te bereiken - het ís verlichting.

Woord voor woord speuren in boeken leidt je wellicht naar de diepten van kennis, maar zo bespiegel je niet je ware zelf.

Als je je ideeën over lichaam en geest van je afzet, komt de oorspronkelijke waarheid volledig te voorschijn. Zen is niet anders dan het tot uitdrukking komen van de waarheid; vandaar dat verlangen en streven niet de ware houding van Zen zijn.

Oefen om de zegen te verwezenlijken die meditatie met zich meebrengt met zuivere bedoelingen en ferme vastberadenheid. Het vertrek waarin je mediteert moet schoon en rustig zijn. Sta niet stil bij gedachten over goed en kwaad. Ontspan je en vergeet dat je mediteert. Verlang niet naar verlichting; die gedachte leidt slechts af.

Ga zo gemakkelijk mogelijk op een kussen zitten. Draag loszittende kleding. Zit rechtop en hel niet over naar links, naar rechts, naar voren of naar achteren. Je oren bevinden zich boven je schouders en je neus bevindt zich in een rechte lijn met je navel. Houd je tong tegen je gehemelte en houd je lippen gesloten. Houd je ogen enigszins open en adem door je neus.

Haal, voordat je begint te mediteren, een paar keer langzaam en diep adem. Ga rechtop zitten en adem weer normaal. Je geest zit boordevol gedachten, negeer ze en laat ze gaan. Als ze aanhouden, wees je er dan van bewust met het bewustzijn dat niet denkt. Met andere woorden, denk niet-denken.

Zen-meditatie is geen lichaamsoefening en ook geen methode om iets te bereiken in materiële zin. Het is sereniteit en zegen zelf. Het is de verwezenlijking van waarheid en wijsheid.

Tijdens je meditatie ben je zelf de spiegel waarin zich de oplossing van je problemen weerspiegelt. De menselijke geest kent in wezen absolute vrijheid. Je kunt je vrijheid via intuïtie bereiken. Werk niet aan vrijheid, laat de beoefening zelf de weg tot vrijheid zijn.

Wil je rusten, beweeg je dan langzaam en sta rustig op. Doe deze meditatie 's morgens, 's avonds of op een ander vrij moment. Je merkt al spoedig dat je verstandelijke lasten een voor een wegvallen en je een intuïtieve kracht krijgt waarvan je je tot dan toe niet bewust was.

Duizenden en duizenden leerlingen hebben meditatie beoefend en er de vruchten van geplukt. Twijfel niet aan de mogelijkheden die meditatie biedt op grond van de eenvoud van de methode. Als je de waarheid niet kunt vinden waar je bent, waar verwacht je haar dan te vinden?

Het leven is kort en niemand weet wat het volgende moment brengt. Stel je geest open terwijl je daartoe in de gelegenheid bent en verwerf zo de schatten van wijsheid waarin jij op jouw beurt anderen overvloedig kunt laten delen en waarmee je hen gelukkig kunt maken.

(vrij naar de Fukanzazengi, in de vertaling van Senzaki en McCandless)

De verwezenlijking van het punt waar het om draait

door Zen-meester Dogen

Alles is boeddha-dharma; vandaar dat er begoocheling en verlichting, beoefening, geboorte en dood, boeddha's en levende wezens zijn.

De ontelbare dingen bezitten geen onvergankelijk zelf; vandaar dat er geen begoocheling, geen verlichting, geen boeddha, geen levende wezens, geen geboorte en dood zijn.

De weg van de boeddha ontspringt in wezen aan het vele en het ene; vandaar dat er geboorte en dood, begoocheling en verwezenlijking, levende wezens en boeddha's zijn.

Maar bij gehechtheid vallen de bloesems af en bij afkeer tiert het onkruid welig.

Het is begoocheling dat je je voorwaarts beweegt en de ontelbare dingen ervaart.

Het is ontwaken dat de ontelbare dingen te voorschijn komen en zichzelf ervaren.

Boeddha's beseffen volledig dat er sprake is van begoocheling, levende wezens beseffen in het geheel niet dat er sprake is van begoocheling. Wie doorgaat met verwezenlijken voorbij de verwezenlijking verkeert in begoocheling dwars door de begoocheling heen.

Boeddha's die waarlijk boeddha zijn, hoeven dat niet te merken. Het zijn verwezenlijkte boeddha's die doorgaan met het verwezenlijken van de boeddha.

De weg van de boeddha bestuderen is het zelf bestuderen. Het zelf bestuderen is het zelf vergeten. Het zelf vergeten is verlicht worden door de ontelbare dingen. Als je door de ontelbare dingen verlicht wordt, vallen je eigen lichaam en geest en die van anderen weg. Er rest geen spoor van verlichting en dit geen-spoor zet zich eindeloos voort.

Wie vanaf een boot naar de kustlijn

kijkt, denkt wellicht dat deze beweegt.
Maar wie direct naar de boot kijkt, ziet
dat deze beweegt. Wie, verward van
lichaam en geest, de ontelbare dingen
onderzoekt, denkt wellicht dat zijn geest
en aard onvergankelijk zijn. Maar het
wordt wie diepgaand mediteert en terugkeert naar waar hij zich bevindt duidelijk
dat niets een onveranderlijk zelf bezit.

Brandhout wordt as en wordt niet weer
brandhout. Denk echter niet dat de as
later komt en het brandhout eerst. Besef,
brandhout is brandhout en omvat verleden en toekomst. As is as en omvat toekomst en verleden. Evenals brandhout,
eenmaal tot as vergaan, geen brandhout
meer wordt, keer je na de dood niet terug
tot het leven.

Het is een erkende stelling in de boed-dha-dharma dat geboorte geen dood wordt. Geboorte wordt dus opgevat als geen-geboorte. Het is in de toespraken van de Boeddha een stelling waaraan niet valt te tornen dat dood niet veran-dert in geboorte. Dood wordt dus opgevat als geen-dood.

Geboorte is een uitdrukkingsvorm op zich. Dood is een uitdrukkingsvorm op zich. Ze zijn als winter en lente. Wij noe-men winter niet het begin en zomer niet het eind van de lente.

Verlichting is als de maan die in het water weerkaatst. De maan wordt niet nat en het water raakt niet in beroering. Hoewel haar licht wijds en groots is, wordt de maan zelfs weerkaatst in een piepklein plasje. De hele maan en de hele hemel worden weerkaatst in de dauwdruppels op het gras, ja, in één enkele dauwdruppel.

Evenmin als de maan het water in beroering brengt, raak je door verlichting verdeeld. Je kunt verlichting evenmin belemmeren als een druppel water de maan aan de hemel belemmert.

De diepte van de druppel is de hoogte van de maan. Elke weerkaatsing, hoe lang of kort ook, laat de uitgestrektheid van de dauwdruppel zien en verwezenlijkt de oneindigheid van het maanlicht aan de hemel.

Als je lichaam en je geest niet volkomen van de Dharma doordrongen zijn, denk je dat dit al voldoende is. Als je lichaam en je geest wel volkomen van de Dharma doordrongen zijn, merk je dat er iets ontbreekt.

Wie bijvoorbeeld met een boot naar het midden van de oceaan vaart, waar nergens land in zicht is, en vandaar de vier richtingen beschouwt, ziet de oceaan als rond - dat is alles. Maar de oceaan is rond noch vierkant en vertoont een oneindige verscheidenheid aan kenmerken. Hij lijkt op een paleis. Hij lijkt op een juweel. Hij lijkt zo rond als je ogen op dat moment reiken. Zo is het met alles.

Ofschoon de wereld van de stof en de wereld die de voorwaarden te boven gaat een oneindige verscheidenheid aan kenmerken vertonen, kun je alleen zien en begrijpen zover je oog reikt. Weet om de aard van de ontelbare dingen te leren kennen dat de andere kenmerken van oceanen en bergen, ondanks hun ogenschijnlijk ronde of hoekige vorm, een oneindige verscheidenheid vertonen; er bevinden zich daar hele werelden. Dat geldt niet alleen voor de wereld om je heen, maar ook voor die direct onder je voet of in een waterdruppel.

Een vis zwemt in de oceaan en hoe ver hij ook zwemt, er komt geen eind aan het water. Een vogel vliegt door de lucht en hoe ver hij ook vliegt, er komt geen eind aan de lucht. Vis en vogel hebben echter hun element nooit verlaten. Als ze heel actief zijn, is het veld waarin ze zich bewegen groot. Als hun behoefte klein is,

is het veld waarin ze zich bewegen klein.
Zo beslaan ze hun terrein volkomen, elk
van hen beslaat zijn rijk volkomen. Als
de vogel de lucht verlaat, sterft hij
meteen. Als de vis het water verlaat,
sterft hij meteen.

Weet dan, water is leven en lucht is
leven. De vogel is leven en de vis is
leven. Leven is vogel en vis.

Je kunt dit met meerdere analogieën
aantonen. Zo staat het ook met beoefening, verlichting en mensen.

Als een vogel of een vis, alvorens zich in
zijn element te bewegen, het eind ervan
tracht te bereiken, vindt hij zijn weg en
zijn plek niet. Als jij je plek vindt waar je
bent, beoefen en verwezenlijk je het punt
waar het om draait. Als jij je weg vindt
op dit moment, beoefen en verwezenlijk
je het punt waar het om draait. De plek
en de weg zijn groot noch klein en behoren jou noch een ander toe. De plek en
de weg komen niet voort uit het verleden
en ontstaan niet louter nu.

Zo is bij de beoefening van de boeddha-weg die leidt tot verlichting één ding
doorgronden het meester worden, één
oefening doen volledig beoefenen.

Zen-meester Baoche van Berg Mayu
wuifde zich koelte toe met een waaier.
Een monnik kwam nader en zei:
'Meester, het wezen van de wind is
onvergankelijk en er is geen plek waar hij
niet komt. Waarom wuift u zich dan
koelte toe?'
   'Je mag dan begrijpen dat het wezen
van de wind onvergankelijk is,' antwoordde Baoche, 'je begrijpt niet wat het
betekent dat hij overal komt.'
   'Wat betekent dat dan?' vroeg de
monnik weer. De meester bleef zich koelte toewuiven. De monnik boog diep.

Zo staat het met de verwezenlijking van
de boeddha-dharma, het uiterst belangrij-
ke pad van de juiste wijze van over-
dracht. Wie zegt dat je je geen koelte
hoeft toe te wuiven omdat het wezen van

de wind onvergankelijk is en er dus wind is zonder dat je je koelte toewuift, weet niets van onvergankelijkheid en het wezen van de wind. Het wezen van de wind is onvergankelijk, vandaar dat de wind van het huis van de Boeddha het goud der aarde voortbrengt en de room van de lange rivier zoet maakt.

(vrij naar de Genjo Koan, in de vertaling van Robert Aitken en Kazuaki Tanahashi)

Het lied van Mahamudra*
door Tilopa

Mahamudra gaat woorden en symboliek
te boven,
Maar jou, Naropa, ernstig en loyaal, wil
ik dit zeggen.

De leegte behoeft geen vertrouwen;
Mahamudra berust nergens op.
Zonder één poging in het werk te stellen,
maar door natuurlijk te blijven,
kun je het juk breken en zo bevrijding
verwerven.

Als je nergens naar zoekt terwijl je de
ruimte in staart,
Als je met de geest de geest gadeslaat,
Vernietig je onderscheid maken en
bereik je boeddhaschap.

De wolken die door de lucht zeilen hebben,
Evenals de onderscheid makende gedachten die door de geest gaan,

geen wortels, geen thuis.
Als de Zelf-geest is gezien, houdt het
onderscheid op.

In de ruimte doen zich vormen en kleu-
ren voor,
Maar de ruimte is zwart noch wit getint.
Alles ontstaat uit de Zelf-geest,
Maar de geest wordt niet door deugd en
ondeugd besmet.

De duisternis der eeuwen kan de stralende zon niet verhullen;
De lange aeonen van Samsara kunnen
het stralende licht van de geest niet verhullen.

Ofschoon men met woorden poogt de
leegte te verklaren, wordt de leegte als
zodanig nooit tot uitdrukking gebracht.
Ofschoon we zeggen: 'De geest is een helder licht', gaat hij woorden en symboliek
te boven. Ofschoon de geest in wezen
leegte is, omhelst en bevat hij alles.

Doe niets anders dan het lichaam ont-
spannen;
Sluit de mond stevig en houd je stil;
Ledig je geest en denk nergens aan.
Laat je lichaam rusten als een holle bam-
boestengel.
Breng, terwijl je geeft noch neemt, je
geest tot rust.
Mahamudra is als een geest die zich ner-
gens aan hecht.
Als je zo oefent, bereik je mettertijd
boeddhaschap.

Het beoefenen van mantra's en volmaaktheid, instructie in de soetra's en
voorschriften, en de leer van scholen en
geschriften brengen niet de verwezenlijking van de aangeboren waarheid teweeg.
Als de geest, vol verlangen, een doel
zoekt, verbergt hij slechts het licht.

Wie zich houdt aan de tantristische voorschriften, maar onderscheid maakt,
pleegt verraad aan de beloften van ontwaken;

Stop alle activiteit, verzaak alle verlangen;
Laat gedachten - net als de golven van de oceaan - naar believen rijzen en dalen.
Wie niet-vertoeven en de principes van geen-onderscheid nimmer geweld aandoet, houdt de tantristische voorschriften hoog.

Wie hunkering en zich hechten aan dit of dat staakt,
Neemt de ware zin van de geschriften waar.

In Mahamudra verteren al je zonden; in Mahamudra word je bevrijd van de kerker van deze wereld. Dit is de hoogste toorts van de Dharma. Wie hierin niet gelooft, is een dwaas die altijd rondwentelt in ellende en verdriet.

Wie naar bevrijding streeft, moet zich verlaten op een goeroe. Als je geest de zegen van de goeroe ontvangt, is bevrijding op handen.

Helaas, alle dingen in deze wereld zijn
zinloos, het zijn slechts zaden van verdriet. Kleine leringen leiden tot daden.
Volg de grote leringen.

Dualiteit overstijgen is het koninklijk
standpunt; afleiding overwinnen de
koninklijke beoefening; de weg van
geen-beoefening is de weg van de boeddha's. Wie die weg bewandelt, bereikt
boeddhaschap.

Deze wereld is vergankelijk als spooksels
en dromen,
Ze heeft geen substantie. Hecht je niet
aan wereld of familie;
verbreek de banden van lust en haat;
mediteer in wouden en bergen.
Als je zonder krachtsinspanning losjes in
de 'natuurlijke staat' verblijft, win je
weldra Mahamudra en bereik je geen-
bereiking.

Kap de wortel van een boom door en de

bladeren verwelken,
Kap de wortel van je geest door en
Samsara valt.

Het licht van een lamp verdrijft in een
oogwenk de duisternis van aeonen;
Het sterke licht van de geest doet in een
flits de sluier van onwetendheid in vlam-
men opgaan.

Wie zich hecht aan de geest, ziet de
waarheid van wat de geest te boven gaat
niet.
Wie streeft naar het beoefenen van de
Dharma, vindt de waarheid van wat
beoefening te boven gaat niet.
Maak zo een eind aan alle onderscheid
en blijf op je gemak.

Geef noch neem, maar blijf natuurlijk;
Mahamudra gaat aanvaarding en verwer-
ping te boven.
Aangezien het bewustzijn niet wordt
geboren, kan niemand het een strobreed
in de weg leggen of bezoedelen;
Als je in het 'ongeboren' rijk verkeert,
lossen alle verschijnselen op in de uiteindelijke Dharma.
Eigenzinnigheid en trots gaan op in het
niets.

Het hoogste inzicht gaat dit en dat te
boven.
De hoogste daad boort grote hulpbron-
nen aan zonder gehechtheid.
Het hoogste succes is de immanente verwezenlijking zonder hoop.

Eerst voelt een yogi dat zijn geest tuimelt
als een waterval;
In het midden vloeit hij als de Ganges,
langzaam en vriendelijk;
Aan het eind is hij als een uitgestrekte
oceaan,

Waar de lichten van kind en moeder ver-
smelten.

(vrij naar de vertaling van Garma C.C.
Chang)

* Mahamudra is de leer en beoefening
die leidt tot de verwezenlijking van één
geest.

Het Tibetaanse boek der grote bevrijding

Daar er geen dualiteit bestaat, is afgescheidenheid onwaar. Mits dualiteit wordt overstegen en één-zijn wordt bereikt, bereik je geen verlichting. Heel samsara en heel nirwana zijn je geest als een onafscheidelijke eenheid.

Je wandelt op grond van wereldse overtuigingen, die je naar believen aanvaardt of verwerpt, in samsara. Vat de hele essentie van deze leer, terwijl je, vrij van gehechtheid, de Dharma beoefent.

De ene geest is, maar bestaat niet.

Als je je geest zoekt in zijn ware staat, blijkt hij heel begrijpelijk te zijn, maar onzichtbaar. In zijn ware staat is hij naakt, onbevlekt, hij is nergens van gemaakt, hij behoort tot de leegte, hij is helder, leeg, zonder dualiteit, doorzichtig, tijdloos, niet samengesteld, onbelemmerd, kleurloos, hij is niet te verwezenlijken als iets afzonderlijks, maar als de eenheid van alles, zonder daaruit te zijn samengesteld, hij is van één smaak en gaat alle verscheidenheid te boven.

Daar de Ene Geest tot de leegte behoort en geen fundament bezit, is jouw geest even leeg als de hemel. Wil je weten of dit al dan niet zo is, kijk dan in je eigen geest. Daar objectieve verschijningsvormen louter een onevenwichtige beweging zijn als de lucht van het firmament, boeien en fascineren ze niet. Wil je weten of dit al dan niet zo is, kijk dan in je eigen geest. Daar de uiterlijke verschijningsvormen uit zichzelf ontstaan en van nature vrij zijn als de wolken aan de hemel, wijken ze uit naar de plek waar ze thuishoren. Wil je weten of dit al dan niet zo is, kijk dan in je eigen geest. Daar de Dharma zich enkel en alleen in de geest bevindt, is de geest de enige plek waar je kunt mediteren. Daar de Dharma zich enkel en alleen in de geest bevindt, is de geest de enige plek waar je een leerstelling kunt onderwijzen en beoefenen. Daar de Dharma zich enkel en alleen in de geest bevindt, is de geest de enige plek waar je een gelofte kunt houden. Daar de Dharma zich enkel en alleen in de geest bevindt, is de geest de enige plek via welke je bevrijding kunt bereiken. Kijk steeds opnieuw in je eigen geest.

Als je naar buiten kijkt in de ledige ruimte, vind je daar geen plek waar de geest straalt. Als je in je eigen geest naar binnen blikt op zoek naar het stralende, vind je daar niets dat straalt.

Je eigen geest is doorzichtig, zonder hoedanigheid, vergelijkbaar met een wolkeloze hemel.

De geestestoestand die alle dualiteit overstijgt, brengt bevrijding teweeg.

Kijk steeds opnieuw in je eigen geest.

(in de vertaling van W.Y. Evans-Wentz)

Het Tibetaanse Dodenboek

Herinner je het heldere licht, het zuivere, heldere, witte licht waaruit alles in
het heelal voortkomt, waarnaar alles in
het heelal terugkeert, de oorspronkelijke
aard van je eigen geest, de oorspronkelijke staat van het niet-gemanifesteerde
heelal.

Ga op in het heldere licht, schenk het
je vertrouwen, versmelt ermee. Het is je
eigen ware aard, je thuis.

De beelden die je gewaarwordt
bestaan in je eigen bewustzijn, de vormen
die ze aannemen worden bepaald door je
vroegere gehechtheden, je vroegere verlangens, je vroegere angsten, je vroegere
karma.

Ze bezitten geen werkelijkheid buiten
je bewustzijn. Hoe beangstigend sommige
ook mogen lijken, ze kunnen je niet
deren. Laat ze door je heen gaan. Ze verdwijnen mettertijd. Je hoeft je er niet
mee in te laten. Voel je niet aangetrok-
ken tot de mooie beelden, laat je niet

afschrikken door de angstaanjagende beelden, laat je niet verleiden en opwinden door de seksuele beelden. Je hoeft je er niet aan te hechten.

Laat ze voorbijgaan. Als je je ermee inlaat, dwaal je misschien lange tijd verward rond. Laat ze door je heen gaan als wolken die door het lege zwerk zeilen.

In wezen zijn ze niet werkelijker.

Herinner je deze leer, herinner je het heldere licht, het zuivere, heldere, stralende, witte licht van je eigen aard, zijn onvergankelijkheid.

Als je je verdiept in deze beelden, zie je dat ze zijn samengesteld uit hetzelfde zuivere, heldere, witte licht waaruit alles in het heelal is samengesteld.

Waar je ook heen gaat, hoe ver je ook gaat, het licht is slechts een fractie van een seconde, een halve ademtocht ver weg, het is nooit te laat om het te herkennen.

(vrij naar de vertaling van W.Y. Evans-Wentz)

'Jullie, die de weg volgen, hij die hier pal voor je neus zit te luisteren naar de Dharma, is degene die "het vuur ingaat zonder te verbranden, het water ingaat zonder te verdrinken en in de drie diepste hellen ronddartelt als was het een kermis". Hij betreedt de wereld van de hongerige geesten en stomme dieren zonder dat ze hem aanvallen.

'Waarom? Omdat er niets is dat hij onprettig vindt. Wie het heilige liefheeft en het wereldse veracht, blijft in de oceaan van geboorte en dood ronddrijven en verzinkt er steeds weer in. De hartstochten wellen op uit het hart. Waar vinden ze een aangrijpingspunt als het hart tot rust is gebracht? Maak geen onderscheid, dan vind je op natuurlijke wijze vanzelf de weg.'

(uit Rinzai Roku, in de vertaling van Irmgard Schloegl)

'De bodhisattva komt, doch hij komt niet
en gaat niet; de bodhisattva komt, doch
hij beweegt niet en staat niet stil; hij is
dood noch geboren, hij staat niet stil en
gaat niet voorbij, hij gaat niet onder en
niet op, hij hoopt niet en is niet gehecht,
hij handelt niet en oogst de vrucht niet,
hij wordt niet geboren en vernietigd, hij
is niet eeuwig en zit ook niet vast aan de
dood.

'En toch komt de Bodhisattva aldus:
hij komt waar een allesomvattende liefde
woont, want hij wil alle wezens leiden;
hij komt waar een groot, meedogend hart
is, want hij wil alle wezens tegen lijden
beschermen; hij komt waar moraal in
praktijk wordt gebracht, want hij wil
geboren worden waar hij aangenaam kan
zijn; hij komt waar grote eden gestand
gedaan moeten worden vanwege de
kracht van de oorspronkelijke eden; hij
komt te voorschijn uit de wonderbaarlij-
ke krachten, want overal waar naar hem
verlangd wordt, manifesteert hij zich om
de mensen te behagen; hij komt waar

geen pogingen in het werk worden gesteld, want hij is nooit ver verwijderd van de voetstappen van de boeddha's; hij komt waar gegeven noch genomen wordt, want in zijn verstandelijke en lichamelijke bewegingen is geen spoor van streven; hij komt voort uit de vaardige middelen, die voortvloeien uit transcendente kennis, want hij conformeert zich voortdurend aan de gezindheid van alle wezens; hij komt waar zich transformatie openbaart, want alles wat verschijnt is als een weerspiegeling, een getransformeerd lichaam.'

(uit The Flower Ornament Sutra, in de vertaling van D.T. Suzuki)

'Subhuti, wie zich op weg begeeft in het
voertuig van de bodhisattva, moet op
deze manier denken: Ik moet alle wezens
die in het heelal voorkomen - waarbij
onder wezens alles wordt verstaan wat, al
dan niet met vorm, al dan niet met perceptie, of zonder perceptie of geen-per-
ceptie, uit een ei, schoot of vocht voortkomt of op miraculeuze wijze wordt geboren - waar het een te bevatten heelal van
wezens betreft - naar het nirwana brengen, naar dat rijk van nirwana dat alles in
zich opneemt. Ofschoon ontelbare
wezens aldus naar het nirwana zijn
gebracht, is in wezen geen enkel wezen
naar het nirwana gebracht. Hoe dat kan?
Als een bodhisattva de perceptie had van
een "wezen", was de naam "bodhi-
wezen" niet langer op hem van toepassing. Waarom niet? Omdat op een bodhi-
wezen dat de perceptie van een zelf, een
wezen, een levende ziel of een persoon
heeft, de naam bodhi-wezen niet langer
van toepassing is.

(uit de Diamond Sutra, in de vertaling
van Edward Conze)

Saripoetra: Wat is het aardse en wat het bovenaardse volmaakte geven?

Subhuti: Het aardse volmaakte geven bestaat hieruit. De bodhisattva geeft vrijelijk aan wie vraagt, en denkt daarbij aan werkelijke dingen. De volgende gedachte komt bij hem op: Ik geef opdat men ontvangt, dat is de gift. Ik zie zonder gierigheid van al mijn bezittingen af. Ik handel als iemand die de Boeddha kent. Ik beoefen het volmaakte geven. Ik, die deze gift maak tot algemeen bezit van alle wezens, draag haar op aan de allerhoogste verlichting en dat zonder me er een voorstelling van te maken. Mogen alle levende wezens door deze gift en de vruchten die zij afwerpt in dit leven op hun gemak zijn en op een dag het nirwana betreden. Door deze drie banden gebonden, geeft hij zijn gift. En welke drie zijn dat? Een voorstelling van zelf, van anderen en van de gift.

Het bovenaardse volmaakte geven bestaat echter uit drievoudige zuiverheid. Wat houdt dat in? Hierbij geeft een bod-

hisattva een gift zonder zich een voorstelling te maken van zelf, ontvanger, gift en
de beloning voor zijn geven. Hij over-
handigt die gift aan alle wezens, maar
stelt zich daarbij geen wezens of zelf voor.
Hij draagt haar op aan de allerhoogste
verlichting, maar maakt zich daarbij geen
voorstelling van verlichting. Dit is het
bovenaardse, volmaakte geven.

(uit de Perfection of Wisdom Sutra in
25,000 Lines, in de vertaling van Edward
Conze)

De soetra van Hui-neng

'Jullie hebben reeds je toevlucht genomen tot het drievoudig lichaam van de
Boeddha en nu zal ik jullie de vier grote
eden uiteenzetten. Mijn vrienden, reci-
teer, één van zin, wat ik jullie voorzeg:
"Ik zweer dat ik overal alle levende
wezens zal redden. Ik zweer dat ik overal
een eind zal maken aan alle hartstocht.
Ik zweer dat ik overal alle boeddhisti-
sche leringen zal bestuderen. Ik zweer
dat ik de onovertroffen boeddha-weg zal
bereiken."

'Geleerde toehoorders, nu hebben we
allen gezworen dat we een ontelbaar
aantal levende wezens zullen bevrijden,
maar wat houdt dat in? Dat houdt niet
in dat ik, Hui-neng, ze bevrijdt. Wie zijn
die levende wezens in onze geest? De
misleidende, de bedrieglijke, de boosaar-
dige geest en dergelijke - dat zijn allen
levende wezens. Elk van hen moet zich
bevrijden door toedoen van zijn eigen
geestesaard. Pas dan is er sprake van

echte bevrijding.

'Wat nu wil het zeggen dat je je bevrijdt door toedoen van je eigen geestesaard? Het wil zeggen, bevrijding van de onwetende, ongrijpbare en de lastige wezens in onze geest door middel van de juiste standpunten.

'Verlicht door de juiste standpunten roepen we de boeddha in ons te voorschijn.
Als we worden beheerst door de drie giftige elementen
Zijn we, naar verluidt, bezeten door Mara,
Maar als door de juiste standpunten deze giftige elementen uit onze geest worden verwijderd,
Wordt Mara getransformeerd in een echte boeddha.

'Als ons temperament zo is dat we niet langer de slaaf zijn van de vijf zintuiglijke objecten

En we de geestesaard - al is het slechts
één moment - verwezenlijken, is de waarheid ons bekend.

'Wie de waarheid in zijn eigen geest verwezenlijkt,
Heeft het zaad van het boeddhaschap
gezaaid.

'Luister naar mij, toekomstige leerlingen,
Je verdoet je tijd als je deze leer niet in
praktijk brengt.

'Doe dit: Ken je eigen geest en verwezenlijk je eigen boeddha-aard, die rust noch
beweegt, ontstaat noch vergaat, komt
noch gaat, bevestigt noch ontkent, blijft
noch vertrekt.

'Onverstoorbaar en sereen beoefent de
ideale mens geen-deugd.

Beheerst en emotieloos begaat hij geen
zonde.
Kalm en stilzwijgend geeft hij zien en
horen op.
Evenwichtig en oprecht verblijft zijn
geest nergens.'

(vrij naar de vertaling van Philip
Yampolsky en A.F. Price)

Wie bang is voor het verdriet dat voortkomt uit de kringloop van geboorte en
dood, gaat op zoek naar nirwana; hij
beseft echter niet dat er tussen geboorte
en dood en nirwana werkelijk geen enkel
verschil bestaat. Hij ziet nirwana als de
afwezigheid van wording en het ophouden van het contact tussen zintuig en zintuiglijke dingen en begrijpt niet dat het in
werkelijkheid enkel en alleen de innerlijke verwezenlijking is van de voorraad aan
indrukken. Vandaar dat hij de drie voer-
tuigen onderricht, maar niet de leer dat
niets echt bestaat dan de geest waarin
geen beelden bestaan. Hij kent dus de
omvang niet van wat is waargenomen
door de geest der boeddha's uit het verleden, het heden en de toekomst en gaat
door in de overtuiging dat de wereld zich
voortzet voorbij het bereik van het gees-
tesoog. Dus gaat hij door met het draaien
van het wiel van geboorte en dood.

(uit Lankavatara Sutra, in de vertaling
van A.L. Basham)

Zie dat geboorte en dood zelf nirwana
zijn, dan haat je de een niet als geboorte
en dood en koester je de ander niet als
nirwana. Alleen zo word je bevrijd van
geboorte en dood.

De huidige geboorte en dood zijn het
leven van de Boeddha. Als je deze met
afkeer verwerpt, verlies je daarmee het
leven van de Boeddha. Als je er, gehecht
aan geboorte en dood, in verblijft, verlies
je het leven van de Boeddha eveneens.
Poog dit echter niet met je geest te doorgronden of in woorden uit te drukken.
Als je je lichaam en je geest loslaat en
vergeet en je in het huis van de Boeddha
stort, word je zonder krachtsinspanning
en zonder gedachten bevrijd van geboorte en dood en word je de Boeddha. Dan
is er geen sprake van enig obstakel in je
geest.

Het is niet moeilijk om Boeddha te
worden. Onthoud je van alle kwaad,
klamp je niet vast aan geboorte en dood,
werk in groot mededogen ten bate van
alle levende wezens, heb respect voor

degene die boven je en medelijden met degenen die onder je staan, versmaad en verlang niet, maak je geen zorgen en weeklaag niet - dit heet de Boeddha. Zoek niet verder dan dat.

(uit 'Birth and Death' van Meester Dogen, in de vertaling van Masao Abe en Norman Waddell)

'Je raakt je ware aard nooit kwijt, zelfs niet op momenten van begoocheling en verwerft haar niet op het ogenblik van verlichting. Het is de aard der zo-heid, die geen begoocheling en juist inzicht kent. Hij vult de leegte overal en is inherent aan de substantie van de ene geest. Hoe kan wat je door de geest in het leven roept bestaan buiten de leegte? De leegte kent in wezen geen ruimtelijke dimensies, hartstochten, activiteiten, begoochelingen of juist inzicht. Laat goed tot je doordringen dat zich daarin geen dingen, gewone mensen en boeddha's bevinden. Die leegte bevat nog geen spoortje van iets dat ruimtelijk waar te nemen is. Ze hangt nergens van af en zit nergens aan vast. Ze is de allesdoordringende, smetteloze schoonheid, het op zich bestaande, ongeschapen absolute. Hoe kan het een onderwerp van gesprek zijn dat de echte Boeddha geen mond had en geen Dharma verkondigde of dat het echte horen geen oren behoeft voor wie het hoort? O, het is een parel van onschatbare waarde.

'Deze zuivere geest, de bron van alles, overstraalt eeuwig en altijd alles en iedereen met de luister van zijn eigen volmaaktheid. De mensen van de wereld ontwaken er echter niet toe, omdat ze alleen kijken naar wat ziet, hoort, voelt en weet als geest. Verblind door hun eigen gezicht, gehoor, gevoel en kennen, nemen ze de spirituele luister van de bron-substantie niet waar. Als ze zich in een flits van elk concept zouden ontdoen, zou die bron-substantie zich openbaren als een zon die opstijgt in de leegte en het hele universum onbelemmerd en onbegrensd verlicht. Als jullie, leerlingen, dus voortgang zoeken door zien, horen, voelen en weten, wordt, als je bent beroofd van je percepties, je weg naar de geest afgesneden en vind je nergens toegang. Besef enkel dat, ofschoon de ware geest in deze percepties tot uitdrukking komt, hij er geen deel van uitmaakt noch ervan gescheiden is. Redeneer niet over deze percepties en sta ook niet toe dat ze aanleiding geven tot het ontstaan van concepten en gedachten, maar zoek de ene geest ook niet los ervan en verzaak ze ook niet bij je najagen van de Dharma. Houd ze niet vast en verzaak ze ook niet, vertoef er niet in en klamp je er ook niet aan vast. Boven, beneden en om je heen bestaat alles spontaan, er is niets buiten de boeddhageest.'

(uit The Zen Teachings of Huang Po, in de vertaling van John Blofeld)

'Wereldwijd geëerde! Het is alsof iemand naar het huis van een goede vriend gaat, zich bedrinkt en in slaap valt. Ondertussen naait zijn vriend, die op een officiële reis moet, een juweel van onschatbare waarde in zijn kleren en vertrekt. De man die stomdronken ligt te slapen weet hier niets van. Als hij wakker wordt, reist hij verder, tot hij bij een land komt waar hij heel hard moet werken voor de kost. Hij beult zich af en is al blij als hij iets heeft. Later ontmoet hij zijn vriend, die zegt: "Man, hoe ben je zover gekomen dat je je afpeigert voor eten en kleren? Ik wou dat je een gemakkelijk leven leidde en je vijf zintuigen bevredigde en dus heb ik destijds in dat en dat jaar op die en die dag een juweel van onschatbare waarde in je kleren genaaid. Hier is het en jij hebt je in je onwetendheid al die tijd afgebeuld en afgetobd om jezelf in leven te houden. Wat ontzettend dom! Ga heen, ruil dat juweel in voor wat je nodig hebt en doe wat je wilt, vrij van armoe en gebrek.'

(uit de Lotus Sutra, in de vertaling van
Bunno Kato en W.E. Soothill)

Lied van Zazen

door Hakuin Zenji

Alle wezens zijn van nature boeddha,
zoals ijs van nature water is.
Zonder water, geen ijs,
zonder wezens, geen boeddha.

Hoe droevig, mensen negeren wat nabij
is
en zoeken de waarheid ver weg,
als iemand die het, omringd door water,
uitschreeuwt van dorst;
als een kind van een rijke familie
dat ronddoolt tussen de armen.

Wij dolen, verdwaald op duistere paden
van onwetendheid,
rond door de zes werelden
van duister pad naar duister pad -
wanneer worden we bevrijd van geboorte
en dood?

O, de Zen-meditatie van de Mahayana!

Haar zij de hoogste lof!
Devotie, boetedoening, opleiding,
de vele volmaaktheden -
alle hebben hun bron in zen-meditatie.

Wie, al is het slechts één keer, Zen-meditatie beoefent
wist misdaden zonder aanvang uit.
Waar zijn dan de duistere paden?
Het Zuivere land zelf is nabij.

Wie deze waarheid slechts één keer
hoort,
ernaar luistert met een dankbaar hart,
haar koestert en vereert,
verwerft zegeningen zonder tal.

Veel meer nog, wie zich omdraait
en getuigenis aflegt van zelf-aard
- zelf-aard die geen-aard is -
gaat de zuivere leerstelling verre te
boven.

Haar gevolg en oorzaak zijn hetzelfde;
de weg is twee noch drie.

Met vorm die geen-vorm is,
gaan en komen, raken we nooit van de
rechte weg.
Met gedachten die geen-gedachten zijn,
zijn zelfs zingen en dansen de stem van
de wet.

Hoe grenzeloos en vrij is de hemel van
gewaar-zijn,
Hoe helder de maan van wijsheid!
Wat ontbreekt er nu nog?
Nirwana is hier vlak voor je neus,
deze plek is het Lotusland,
dit lichaam de Boeddha.

(vrij naar de vertaling van Robert
Aitken)

Bronvermelding

Anguttara Nikaya, blz 36-37, 87-89: uit Nyanaponika Thera (vert.), Anguttara Nikaya: Discourses of the Buddha, an Anthology (Kandy, Sri Lanka: Buddhist Publication Society, 1975)

Anguttara Nikaya, blz 53, 109-111: uit Nyanatiloka (vert.), The World of the Buddha (Kandy, Ceylon, Buddhist Publication Society, 1971)

Anguttara Nikaya, blz 102-106: uit Andy Olendzki (vert.), Inquiring Mind

Anguttara Nikaya, blz 120: uit Kerry Brown en Joanne O'Brien (uitg.), The Essential Teachings of Buddhism (Londen: Rider Books, 1989)

Bhaddekaratta Sutta, blz 118-119: uit Thich Nhat Hanh, Our Appointment

with Life (Berkeley, Californië: Parallax
Press, 1990)

'Birth and Death', blz 198-199: uit Masao
Abe en Norman Waddell (vert.), The
Eastern Buddhist, deel 5, no 1 (Mei,
1972)

Bodhicharyavatara, blz 129: uit Eknath
Easwaran, God Makes the Rivers to Flow
(Tomales, Californië: Nilgiri Press, onge-
dateerd)

Buddhist Parables, blz 48-52, E. W.
Burlingame (vert.), Buddhist Parables
(New Haven, Connecticut: Yale Univer-
sity Press, 1922)

Dhammapada, blz 1, 4-5, 10, 11, 17-18,
19-20, 28, 46-47, 61-62, 65, 69, 78, 96:
uit Thomas Byrom (vert.), The Dhammapada: The Sayings of the Buddha
(New York: Alfred A. Knof, 1976)

Dhammapada, blz 32-34: uit Nyanamoli

Thera (uitg.), The Life of the Buddha (Kandy, Sri Lanka, Buddhist Publication Society, 1978)

Diamond Sutra, blz 143: uit A. F. Price en Wong Mou-lam (vert.), The Diamond Sutra and the Sutra of Hui-neng (Boston: Shambhala Publications, 1990)

Diamond Sutra, blz 189-190: uit Edward Conze (vert.), Buddhist Wisdom Books (Londen: George Allen & Unwin, 1958)

Digha Nikaya, blz 9: uit Maurice Walshe (vert.), Thus Have I Heard (Boston: Wisdom Publications, 1987)

Digha Nikaya, blz 91-93: uit Bhikkhu Bodhi (vert.), The Discourse on the Fruits of Recluseship (Kandy, Sri Lanka: Buddhist Publication Society, 1989)

Digha Nikaya, blz 107: uit Geoffrey Parrinder (uitg.), The Wisdom of the Early Buddhists (New York: New

Directions Publishing Corp., 1977)

The Flower Ornament Sutra, blz 187-188: uit Sangharakshita, The Eternal Legacy (Londen: Therpa Publications, 1985)

Fukanzazengi, blz 156-160: uit Nyogen Senzaki en Ruth Strout McCandless, Buddhism and Zen (Berkeley, Californië: North Point Press, 1987)

Genjo Koan, blz 161-169: uit Kazuaki Tanahashi (uitg.), Moon in a Dewdrop (Berkeley, Californië: North Point Press, 1986)
Itivuttaka, blz 112-113: uit Sangharakshita, The Eternal Legacy (Londen: Therpa Publications, 1985)

Khuddhaka Patha, blz 114: uit William de Bary (uitg.), The Buddhist Tradition (New York: Vintage Books, 1972)

Lalitavistara, blz 130-131: uit William de

Bary (uitg.), The Buddhist Tradition (New York: Vintage Books, 1972)

Lankavatara Sutra, blz 136: uit D. T. Suzuki (vert.), The Lankavatara Sutra (Londen: Routledge & Kegan Paul, 1932)

Lankavatara Sutra, blz 197: uit William de Bary (uitg.), The Buddhist Tradition (New York: Vintage Books, 1972)

Lotus Sutra, blz 203-204: uit Bunno Kato, et al (vert.), The Threefold Lotus Sutra (Boston: Tuttle, 1986)

Mahaparinibbana Sutta, blz 116-117: uit Maurice Walshe (vert.), Thus Have I Heard (Boston: Wisdom Publications, 1987)

Mahaparinibbana Sutta, blz 125: uit T. W. Rhys-Davids (uitg.), Sacred Books of the Buddhists, deel 3 (Londen: Pali Text Society, 1977)

Mahavagga, blz 58-60: uit T. W. Rhys-Davids en Herman Oldenberg (vert.), Vinaya Texts, deel 1, in Sacred Books of the East (Delhi: Motilal Bararsidass, 1968)

Majjhima Nikaya, blz 26-27: uit William de Bary (uitg.), The Buddhist Tradition, (New York: Vintage Books, 1972)

Majjhima Nikaya, blz 32-34: uit Nya-namoli Thera (uitg.), The Life of the Buddha (Kandy, Sri Lanka: Buddhist Publication Society, 1978)

Majjhima Nikaya, blz 35: uit E. A. Burtt (uitg.), The Teachings of the Compas-sionate Buddha (New York: Mentor Books, 1955)

Majjhima Nikaya, blz 44-45: uit Nyana-tiloka (vert.), The Word of the Buddha (Kandy, Sri Lanka: Buddhist Publication Society, 1971)

Majjhima Nikaya, blz 100-101: uit Christmas Humphreys (vert.), Wisdom of Buddhism, (New York: Random House, 1961)

Mangala Sutta, blz 12-15: uit Gunaratana Mahathera (vert.), Bhavana Vandana: Book of Devotion (High View, West Virginia: Bhavana Society, ongedateerd)

Milindapanha, blz 63-64: uit Edward Conze (uitg.), Buddhist Scriptures (New York: Penguin Books, 1959)

The Perfection of Wisdom in 25,000 Lines, blz 191-192: uit Edward Conze (uitg.), Buddhist Texts through the Ages, (Boston: Shambhala Publications, 1990)

Reflections on Sharing Blessings, blz 127-128: uit Chanting Book (Hertford-shire, Engeland: Amaravati Publications, ongedateerd)

Rinzai roku, blz 186: uit Irmgard Schloegl

(vert.), The Zen Teachings of Rinzai (Boston: Shambhala Publications, 1976)

Samyutta Nikaya, blz 16, 97-99, 122-123: uit John Ireland (vert.), An Anthology from the Samyutta Nikaya (Kandy, Sri Lanka: Buddhist Publication Society, 1981)

Samyutta Nikaya, blz 23-24: uit Edward Conze (vert.) Buddhist Texts through the Ages (Boston: Shambhala Publications, 1990)

Samyutta Nikaya, blz 32-34: uit Nyanamoli Thera (uitg.), The Life of the Buddha (Kandy Sri Lanka: Buddhist Publication Society, 1978)

Samyutta Nikaya, blz 38-43, 53: uit Nyanatiloka (vert.), The Word of the Buddha (Kandy, Ceylon: Buddhist Publication Society, 1971)

Samyutta Nikaya, blz 54-56: uit David

Maurice (vert.), The Lion's Roar (New York: Citadel Press, 1967)

Satipatthana-sutta, blz 70-77: uit Thich Nhat Hanh, Transformation and Healing (Berkeley, Californië: Parallax Press, 1990)

Song of Mahamudra, blz 170-178: uit Garma C. C. Chang (vert.), Teachings of Tibetan Yoga (New Hyde Park, New York: University Books, 1963)

Song of Zazen, blz 205-207: uit Robert Aitken, Taking the Path of Zen (Berkeley, Californië: North Point Press, 1982)

Sutra of Hui-neng, blz 193-196: uit Philip Yampolsky (vert.), The Platform Sutra of the Sixth Patriarch (New York: Columbia University Press, 1967) en A. F. Price en Wong Mou-lam (vert.) (Boston: Shambhala Publications, 1990)

The Sutra on Full Awareness of Breathing, blz 80-84: uit Thich Nhat Hanh, Breathe! You are Alive: The Sutra on Full Awareness Breathing (Berkeley, Californië: Parallax Press, 1988)

Sutta-nipata, blz 90: uit Dines Andersen en Helmer Smith, Sutta-nipata (Londen: Pali Text Society, 1913)

Sutta-nipata, blz 3, 66-68: uit H. Saddhatissa (vert.), The Sutta-nipata (Londen: Curzon Press, 1988)

Sutta-nipata, blz 22, 25, 29-31, 120-121: uit E. Max Müller (uitg.), Sacred Books of the East, deel 10 (Londen: Oxford University Press, 1924)

Therigatha, blz. 94-95: uit Susan Murcott (vert.), The First Buddhist Women (Berkeley, Californië: Parallax Press, 1991)

The Tibetan Book of the Great Liberation, blz 179-182: uit W. Y. Evans-Wentz (vert.), The Tibetan Book of the Great Liberation (Londen: Oxford University Press, 1954)

The Tibetan Book of the Dead, blz 183-185: uit W. Y. Evans-Wentz (vert.), The Tibetan Book of the Dead (Londen: Oxford University Press, 1960)

Udana, blz 79: uit F. L. Woodward (vert.), Minor Anthologies of the Pali Canon (Londen: Oxford University Press, 1948)

Verses on the Faith Mind, blz 144-155: uit Richard B. Clarke, Verses on the Faith Mind (Fredonia, New York: White Pine Press, 1984)

Vimalakirti Sutra, blz 137-142: uit Robert A. F. Thurman (vert.), The Holy Teaching of Vimalakirti (University Park, Pennsylvania: Pennsylvania State University Press, 1976)

Vinaya Pitaka, blz 108: uit F. S. Woodward (vert.), Some Sayings of the Buddha (Londen: The Buddhist Society, ongedateerd)

Vinaya Pitaka, blz 126: uit Geoffrey Parrinder, The Sayings of the Buddha (Londen: Gerald Duckworth and Co, 1991)
Yogacara Bhumi Sutra, blz 21-22: uit Edward Conze (uitg.), Buddhist Texts through the Ages (Boston: Shambhala Publications, 1990)

The Zen Teaching of Huang Po, blz 200-202: uit John Blofeld (vert.), The Zen Teaching of Huang Po (New York: Grove Press, 1958)

Dankbetuiging

De uitgevers betuigen hun dank voor de toestemming om uit de volgende werken te citeren:

Breathe! You Are Alive: Sutra on the Full Awareness of Breathing, Thich Nhat Hanh. Bewerkt en opgenomen met toestemming van Parallax Press, Berkeley, Californië.

Buddhism and Zen, Nyogen Senzaki en Ruth Strout McCandless. Copyright 1953, 1987 Ruth Strout McCandless. Opgenomen met toestemming van North Point Press, een afdeling van Farrar, Straus & Giroux, Inc.

The Buddhist Tradition, uitgegeven door William Theodore de Bary. Copyright 1969 William Theodore de Bary. Opgenomen met toestemming van Random

Thich Nhat Hanh. Bewerkt en opgenomen met toestemming van Parallax Press, Berkeley, California

Over de samenstellers

Jack Kornfield ontving zijn opleiding als monnik in tempels in Thailand, Birma en India. Hij beoefent en onderwijst Insight Meditation, het pad van opmerkzaamheid van de Boeddha. Hij geeft les op het Spirit Rock Center in Woodacre, Californië.

Gil Fronsdal is Zen-priester en ontving zijn opleiding als monnik in Birma. Hij beoefent en onderwijst Insight Meditation. Hij geeft eveneens les aan het Spirit Rock Center in Woodacre, Californië.

Voor meer informatie over Insight Meditation kunt u contact opnemen met:

    Spirit Rock Center
    5000 Sir Francis Drake Boulevard
    Box 909C
    Woodacre, CA 94973

In de serie Tijdloze Klasssiekers zijn verschenen:

Voor meer informatie over deze, of andere boeken kunt u contact opnemen met: Uitgeverij Altamira, Blekersvaartweg 19a, 2101 CB Heemstede; Tel.: 023-28 68 82/Fax: 023-28 80 97. Vanaf oktober 1995 komt er een 5 voor het abonnee-nummer.

Al deze boeken zijn bij iedere boekhandel verkrijgbaar.